Alfred L. Rosteck

Gesammelte Gedichte
Band 3

Alfred L. Rosteck

Gesammelte Gedichte

Band 3

Bibliografische Information der Deutschen Nationalbibliothek
Die Deutsche Nationalbibliothek verzeichnet diese Publikation in der Deutschen Nationalbibliografie; detaillierte bibliografische Daten sind im Internet über http://dnb.d-nb.de abrufbar.

© 2017 Alfred L. Rosteck

Umschlagentwurf: Alfred L. Rosteck

Herstellung und Verlag:
BoD - Books on Demand, Norderstedt

ISBN 978-3-7431-9438-0

Inhalt

Vorwort 13

Buch 1 Zwischen Abend und Morgen 15

Teil 1 Zwischen Abend und Morgen 17
Zwischen Abend und Morgen 19
Sein und Schein 20
Ewiges Sein 21
Flüchtige Zeit 22
Die innere Sonne 23
Spätes Einsehen 24
Auf ewig gefangen 25
Schicksalsweg 26
Wenn der Regen fällt 27
Nütze den Schwung 28
Tun 29
Ursprung 30
Nächtlicher Trost 31
Die purpurnen Wolken 32
Jenseits der Zeit 33
Stummer Schrei 34
Die Mauer der Erinnerung 35
Außerhalb meines Fensters 36
Wie schnell zieht doch hinan das Jahr 37
Es vergeht die Trauer nie 38
Schicksals Allgewalt 39
Am Ende 40
Lebensfahrt 41
Vergangenes 42
Meer der Tränen 43

Fast glücklich	44
Alltodesmacht	45
sonnenuntergang	46
Scheinwelt	47
Inneres Wissen	48
Fatum	49
Resonanz	50
lobeswort	51
Glück	52
Der Kuss	54
Sternenhochzeit	55
Wenn ich dich hätte	56
In dunkelblauer Stunde	57
Tanze mit mir	58
Gemeinsam	59
Das Blümlein	60
Verschmähte Liebe	61
Sag mir nicht, was Liebe ist	62
Flucht	63
Mondesfinsternis	64
Arm in Arm	65
Letzte Bitte	66
Leid siegt	67
Unverbesserlich	68
Vielleicht	69
Leise Klänge	70
Das Tor	71
Ein Schrei in der Nacht	72
Vergebliches Sehnen	73
Auf und Ab	74
Atempause	75
Freude siegt	76
Das alte Kreuz	77

Aufstieg ... 78
Blumenrot ... 79
Der Zweig ... 80
kalt weht der wind ... 81
Mystik des Seins ... 82
Geistesstärke ... 83
Innere Schau ... 84
Der Clown ist es gewesen ... 85
Die andere Welt ... 86
Verhöhnung der Geister ... 87
Wunderblume ... 90
Die schwarze Feder ... 91
Hoher Preis ... 92
Das Mondfest ... 93
Vage Erinnerung ... 95
selbstvertrauen ... 96
Zwischenwelt ... 97
Aus Liebe verloren ... 99
Die tote Geliebte ... 100
Ausharren ... 101
Unstern ... 102
Blumen ... 103
Achte auf den Augenblick ... 104
Allein ... 105
Wörter ... 107

Teil 2 Von der Dunkelzeit zum Licht ... 109
Wintersonne ... 111
Zerbrochenes Lachen ... 112
Eisiger Preis ... 113
Vergebliche Hoffnung ... 114
Sommertraum ... 115
Frostige Einsamkeit ... 116

Verborgenes Leid 117
Vergessene Fragen 118
Ein schwarzer Fleck 119
Ewiger Traum 120
Die Birke 121
Winterschlaf 122
Frühlingserwachen 123
Von der Dunkelzeit zum Licht 124
Es dämmert schon 125
Vorfrühlingsrummel 126
Des Lebens Band 127
Wieder bereit 128
Im Maimond 129
Mailiebe 130
Schuld hat der Mai 132
Die Macht des Frühlings 133
Der längste Tag 134

Teil 3 Die flötenspielende Kuh 137
Die flötenspielende Kuh 139
Immer mäßig 140
Meine Stärke 142
Hunde 143
Rechtschreibreform 144
Ein Meeting im Büro („Setzen") 146
Missverständnis 148
Mit Nichten 149
Eine Hinrichtung („Richten") 150
Ein kleiner Indianer 152
Neulich hatte Eminenz 153
Promenade 154
Kabeljau 156
Beharrlichkeit führt zum Ziel 157

Wein und Wein	158
Kannibalen	159
Zwetschkensterne	160
Das Verlies	161
Ergriffene Ergreifer	162
nicht bedacht	163
ungereimtes	164
logik	165
nonsense	166
ehre	167
überdacht	168
Goethe fürs Leben	169
Morgenstund	170
Türen	171
Ungerührt geschüttelt	174
Des ewige Strandliegen	176
A an Dichta is mal schlecht	177
Lose	178
Disput zweier Freunde	180
Unsinn bis zehn	181
Die Laute	183
Wagnis	185
Vater und Tochter	186
Die Landplage	189
Der Schein	191
Täuschung	193
Morgen fang ich an	195
Von dummen Hühnern	197
Diskurs in Alliterationen	199
Schwarzes Loch	203
Sport am Meer	204
Missgeschicke	205
Misanthrop	207

Die Stöcke ...208
Das Porträt ...209
Reingefallen ...210
„Un" ...211
Der Hut ...213
Schultern ...214
Der Genießer ...215
Sprache ...216
Die Haube ...217
Persenbeug ...219
Überlistet ...220
Der Geburtstag ...223
Der dumme Floh ...224
Frühlingsgetue ...225
Sarah ...227
Arme kleine Meise ...229
Humor ...230

Buch 2 Des Lebens volles Maß ... 233
Sonnige Erinnerung ...235
Eisblumen ...236
Nur Frau ...237
Delirium ...238
Geographische Liebesenttäuschungen ...240
An die Naturgeister ...242
Kurzer Trost ...243
Geborgte Liebe ...244
Wunschloses Sein ...245
Morgengruß ...246
Ewige Treue ...247
Wolkensturm ...248
Du bist weit ...249
Zum Parnass ...250

Seelenreich	251
Was kommt von oben?	252
Unruhiges Herz	253
dichtkunst	254
Einsamkeit	255
Errichte dein Reich	256
Zusammen	257
Wahrheit oder Lüge?	258
die welt verstummt	259
Unsichtbare Hilfe	260
Verbannung	261
Weißer Traum	262
Endloser Lauf	263
Fremd auf Erden	264
verhallt letztes wort	265
paradoxon	266
Zeitloses Schweben	267
Auf meiner Seele Grund	268
Verlorene Herzen	269
Unsagbar fern	270
Wo ist das Land?	271
Hohle Köpfe	272
Bald	273
Der Freude Schwall	274
Des Tages Trug	276
Lichte Gedanken	277
Alles relativ	278
Verweilen im Licht	279
Tränen	280
Letzte Chance	281
grenzenlos	282
Letztes Ziel	283
Macht der Musik	284

Melancholie	285
In der Düsternis der Welt	286
Das Leben triumphiert	287
Neu geboren	288
dunkelgraue klagen	289
Hilflos	290
Hier und jetzt	291
In Freiheit und Würde	292
Herz aus Stein	293
Vergebliche Liebe	294
zbv	295
Glückliche Wende	296
Irrgarten	297
In vollen Zügen	298
Kunst zu leben	299
Später Zeitenklang	300
Zeitraffer	301
Wenn es geht	302
Kochkunst	303
Zur Ehr des Höchsten	304
Im Einklang	305
Wolken	306
Nur Gnade	307
Nur ein Scherz	308
Zu bessren Tagen	309
Sturm der Zeiten	310
Herzensnacht	311
komm	312
Mohnblumen im Schnee	313
Ewiges Ringen	314
herzensreise	315
transformation	316
des lebens volles maß	317

Vorwort

In diesem Band sind die 2010 bzw. 2013 erschienenen Gedichtbände „Zwischen Abend und Morgen" und „Des Lebens volles Maß" als Zusammenfassung enthalten.

Der Band „Zwischen Abend und Morgen" enthält drei Unterabschnitte, die als eigenständige Bände gelten könnten, nämlich den Titelgeber „Zwischen Abend und Morgen", weiters „Von der Dunkelzeit zum Licht" (beide Teile mit eher ernster Grundstimmung) sowie „Die flötenspielende Kuh" (mit heiter-skurrilen Gedichten sowie satirisch-ironischen Prosatexten).

„Des Lebens volles Maß" umfasst, wie das Leben selbst, sehr unterschiedliche Stimmungslagen.

Die Einzelbände werden nach Drucklegung dieses Sammelbandes nur mehr für kurze Zeit verfügbar sein.

Die einzelnen Gedichte wurden unverändert übernommen. Es erfolgte lediglich eine Anpassung an das neue Layout sowie die Berichtigung einiger weniger Druckfehler der ersten Ausgaben.

Noch ein Wort zur „Neuen Rechtschreibung": Ich folge ihr mit großem Widerwillen, mache aber nicht jede Änderung mit, die sich sogenannte Experten haben einfallen lassen. Es ist also nicht alles ein Rechtschreibfehler, was danach aussieht.

Neulengbach,
im Februar 2017   Alfred L. Rosteck

Buch 1

Zwischen Abend und Morgen

Erschienen 2010

Was sich uns zwischen Abend und Morgen in der Traumwelt eröffnet, umfasst die gesamte Welt unseres Fühlens und Denkens von nachdenklich/ernst bis zu übermütig/grotesk.
Das reale Leben hingegen erscheint uns oft unwirklich, ist aber manchmal auch in ernsten Situationen nicht ohne eine gewisse Komik.
Diese Gedichtsammlung führt uns durch Stimmungen von besinnlich und ernst bis heiter und skurril.

Teil 1

Zwischen Abend und Morgen

Zwischen Abend und Morgen eröffnet sich uns die gesamte Welt unseres Fühlens und Denkens. Leider entzieht sich das Erlebte beim Aufwachen zumeist unserer Erinnerung. Die Traumwelt hinterlässt überwiegend nur eine dunkle Ahnung in uns.
Bisweilen erscheint uns unser gesamtes Leben so unwirklich wie ein Traum. Im Rückblick verweben sich Traum und Wirklichkeit zu einem bunten Muster.

Zwischen Abend und Morgen

Wenn der Tag ganz still sich neigt
und der erste Stern sich zeigt,
meine Seele aufwärts fliegt
und im Unendlichen sich wiegt.

Sprengt die Fesseln, die sie binden,
und lässt mit Blumen sich umwinden.
Die Unrast streift sie mühsam ab.
Sucht das Licht, das sie vergab.

In endlos langem, sanftem Schweben
blickt herab sie auf ihr Leben.
Es scheint ihr wie ein wirrer Traum,
der sie machtvoll hielt im Zaum.

Wo Harmonie und tiefer Frieden
ihr letztendlich sind beschieden,
will sie ihre Wunden heilen.
Doch wie lange darf sie weilen?

Denn der Stern muss bald verblassen.
Mit ihm die Seele muss verlassen
den stillen Frieden und das Glück.
Das Morgenrot holt sie zurück.

Sein und Schein

Ist das Leben wirklich ein Traum?
Verkörpert der Traum den Inhalt des Lebens?
Der Unterschied ist zu merken oft kaum.
Du suchst zu ergründen ihn meistens vergebens.

Auch träumst du oft einen mehrfachen Traum.
Erwachend suchst du die Welt des Seins.
Doch sie zerstiebt im trüg'rischen Schaum,
denn du verbleibst in der Welt des Scheins.

Mehrmals erwachend kehrst du zurück
zur Realität, die dir so vertraut.
Die Welt sich dir zeigt als ehernes Stück,
auf das man seit jeher Häuser gebaut.

Doch bist du dir sicher, dass du nicht träumst?
Dass nicht alles ist nur Illusion?
Dass doch du das wahre Leben versäumst?
Und wenn nicht, was hast du davon?

In Wahrheit gehen wir träumend dahin.
Auch wenn wir dünken uns noch so klar.
Liegt darin des Lebens einziger Sinn,
zu halten die Traumwelt für echt und wahr?

Ewiges Sein

Die liebliche Rose wendet voll Glück sich zur strahlenden Sonne.
Die Knospe empfängt voll Vertrauen des Himmels zärtliches Licht.
Sie öffnet sich mählich, erblühend voll Lust zu schwellender Reife.
Betörender Duft und herrliches Kleid verkünden das Leben.
Bis am Ende die Blüten vergehend sinken hernieder.
Doch leuchtend verkündet die Frucht den Kreislauf ewigen Seins.

Flüchtige Zeit

Erwachend aus finsterem Traum
bemerkt er die Zukunft kaum,
die ihm Stück für Stück stiehlt
der Gegenwart flüchtiges Bild.

In ständigem Wandel das Sein
holt niemals das Wollen ein,
das sucht in eilendem Streben
nach glänzenden Zielen im Leben.

Vergehend sinkt, was vollbracht,
in tiefe Erinnerungsnacht
und schafft nur zuweilen sich Raum
in einem finsterem Traum.

Die innere Sonne

Hingewandt zur Sonne möcht ich leben.
Die Wärme nehmen und sie weitergeben.
Ihr goldnes Licht soll stets in mir erglühen.
Mit ihrer Kraft die Seele soll erblühen.

Das möcht ich wohl. Doch wenn dann fällt der Regen,
die Wolken dunkel gleich mein Herz umhegen.
Der Sonne Strahlen werden weggespült.
Die Erinn'rung ist zu schwach als Schild.

Erst wenn des Geistes Sonne stärker strahlt,
man auf Regenwolken Blumen malt.
Es ist egal, was immer mich umgibt.
Die inn're Sonne jedes Wetter liebt.

Spätes Einsehen

Ich spürte das Leben
in meinen Adern.
Es wollt' alles mir geben,
doch ich musste hadern.

Des Sinns hoher Flug
kam jäh zum Erliegen.
Die Gewalt, die mich schlug,
kam mit tausend Intrigen.

Was ich besessen:
verloren für immer.
Der Wunsch war vermessen
nach höherem Schimmer.

Auf ewig gefangen

Nichts gab's zu sehen,
nichts zu erlauschen.
Musste Verstehen
mit Schwärze vertauschen.

Da war kein Erwachen.
Der Albtraum hielt an.
Die Teufel grell lachen.
Gefangen vom Wahn.

Die Sonne so weit.
Nicht zu erlangen.
Außer der Zeit.
Auf ewig gefangen.

Schicksalsweg

Nur durch Leid das Herz wird weich.
Hart und weich wird es zugleich.
Hart im Nehmen und Ertragen
und oft dem Schönen zu entsagen.

Doch wird es weich für Mitgefühl.
Trost und Hilfe für den andern.
Um zu erreichen höh'res Ziel,
den Schicksalsweg gemeinsam wandern.

Wenn der Regen fällt

Wenn der Regen fällt,
wünsch ich mir so sehr,
er wasche rein die Welt,
dass sei nichts Böses mehr.

Er spüle weg die Nacht
aus den Menschenseelen.
Und denen nimmt die Macht,
die andre endlos quälen.

Dass wieder kann erstehen
die Wahrheit ungestraft.
Die Menschen wieder gehen
stark mit Gottes Kraft.

Erst wenn der Regenbogen
die Lande weit umspannt,
geglättet sind die Wogen,
ist düstre Zeit gebannt.

Wie lange es mag währen,
bis dies kann geschehen?
Hoffend in sich kehren.
Die Zeiten überstehen.

Nütze den Schwung

Wandern lange.
Vom Morgen an.
Mühsam kleine Schritte.
Mittag wird's.
Klarer sehen.
Doch bald
der Nebel
breitet sich.
Verbirgt das Ziel.
Ein Tritt zu weit
im Übermut.
Zuviel gewagt.
Der Sturz
geht tief hinab
in finstre Schlucht.
Kein Halten mehr.
Ist es zu Ende?
Gibt es noch Rettung?
Nütz den Schwung
des Falles.
Erklimm
den Gegenhang
mit Mut.
Ergreif die Chance.
Dann wirst du leben.
Und weiterschreiten.

Tun

Zu warten auf das Glück
kann lange dauern.
Geh ihm entgegen ein Stück.
Steig über Mauern.

Du erkennst geschwind,
was wirklich gut:
Das Glück man nur gewinnt,
wenn man was tut.

Ursprung

Springt, ihr Wellen, lustig fort!
Lasst mich hier allein zurück.
Ich bleib an diesem Wunderort
und wart' auf bessren Augenblick.

In stiller Grotte an der Quelle,
wo rein das Wasser ist und klar,
will ich harren an der Stelle,
lauschen Wispern wunderbar.

Wenn draußen sich die Wasser weiten
zu mächt'gem Strome reißend schnell,
versink ich sehend in den Zeiten,
Weisheit schöpfend aus dem Quell.

In der Nymphe sanften Armen
träume ich von aller Zeit.
Sie zeigt das Schicksal voll Erbarmen
dem Wandrer durch die Ewigkeit.

Erwacht aus ferner Traumesreise
find ich vor der Grotte mich.
In mir klingt ahnend eine Weise.
Doch das Wissen, das verblich.

Halt, ihr Wellen, nehmt mich mit!
Ihr könnt mich hier doch nicht vergessen.
Will gerne halten mit euch Schritt.
Und die ganze Welt durchmessen.

Nächtlicher Trost

Violette Nacht
dringt mir ins Gemüt.
All mein Gefühl verflacht,
seit weiß die Rose blüht.

Die Sonne nicht durchdringt
die Mauer meines Grams.
Doch der Mond mir bringt
die Kunde deines Charmes.

Wie du so bleich und kühl
beleuchtet er mein Herz.
Friert ein mir das Gefühl
und tötet jeden Schmerz.

Die purpurnen Wolken

Die purpurnen Wolken, wo zogen sie hin?
Der Horizont verschlang sie behende.
Wo vordem heiter die Sonne noch schien,
gelangte das Glück an sein schmähliches Ende.

Die purpurnen Wolken, wo mögen sie sein?
Ich frage den Wind und ich frage den Mond.
Sie hören mich nicht. Ich möchte laut schrei'n.
Ob jenseits der Welt meine Seligkeit wohnt?

Kann sein, die Wolken, mein purpurnes Glück,
jenseits des Denkens und Fühlens erglühen.
Ob teilhat ein andrer an ihnen ein Stück?
Mit ihnen, mit ihnen, da möcht ich gern ziehen!

Jenseits der Zeit

Das halbvolle Glas am Rande der Zeit
zerbricht in der drückenden Einsamkeit.
Verloren ist all das gesammelte Glück.
Nichts bringt je mehr die Mühe zurück.

Vergeblich die Eile, vertan all die Kraft.
Sanftmut verdrängt von der Leidenschaft.
Am Ende der Eifer versank in der Nacht.
Die Stunde kam eher, als jemals gedacht.

Erloschen der Stern, der heimlich betrog.
Im Wandel des Seins der Mut jäh verflog.
Ob je ein Ausweg sich öffnet ganz tief?
Befreit den Hoffnungsstrahl, der lange schlief?

Die Stücke gesammelt, die verloren geglaubt.
Bringen zurück, was zuvor ward geraubt.
Erstehen wird neu der zerbrochne Kristall.
Glänzender, strahlender als vor dem Fall.

Die Schale zu füllen wird sein nach und nach.
Der Überfluss stärkt, was selbst ist zu schwach.
Jenseits der Zeit das Glas wird geleert.
Übergeben der Preis, der so heiß war begehrt.

Stummer Schrei

Warum hast du deine Hand zurückgezogen?
Hörst du nicht den stummen Schrei?
Warum bleibst du mir nicht weiterhin gewogen?
Bin ich dir denn einerlei?

Wie schön war deine Gabe in der hellen Zeit.
Die Strahlen flossen aus dem Licht.
Doch breitet sich jetzt ausgedehnte Dunkelheit.
Die Helligkeit erreicht mich nicht.

Wie schrecklich füllt die Leere aus jetzt all mein Sein.
Nichts ist dort, wo ich es will.
Ich bin mit all dem Ungesagten jetzt allein.
Und was machst du? Du schweigst jetzt still.

Die Mauer der Erinnerung

An der Mauer der Erinnerung
sind viele schon zerschellt.
Die ferne Zeit, als man gewesen jung,
noch in den Ohren gellt.
Man glaubt sie heute noch zum Greifen nah.
Wie Sand ist sie zerronnen.
Was immer in der Zwischenzeit geschah,
das Ende hat begonnen.
Verflossen sind die Träume himmelblau.
Das Tor ins Schloss gefallen.
Gewendet hat sich jetzt die Sehnsuchtsschau.
Man geht den Weg von allen.
Jenseits der Mauer der Erinnerung
sind noch der Wege viele.
Nützen noch den allerletzten Schwung
zu nähern sich dem Ziele.

Außerhalb meines Fensters

Außerhalb
meines Fensters
liegen Welten.
Endlos weit.
Lockend.
Gefährlich.
Außerhalb
meines Fensters
geschieht so vieles.
Ich
sehe es nicht.
Ich
ahne es nur.
Innerhalb
meines Fensters
liegen Welten.
Unerforscht.
Unbekannt.
Bedrohlich.
Innerhalb
meines Fensters
geschieht so vieles.
Wann
werde ich alles
verstehen?
Ich strebe
hinaus.
Die Gefahr
scheint kleiner.

Wie schnell zieht doch hinan das Jahr

Wie schnell zieht doch hinan das Jahr!
Es strich vorbei die junge Zeit,
die Freude hoffend uns gebar.
Zum Leben machte uns bereit.

Auf gleißend hellen Tagen fliegen.
Die dunklen Schatten stolz verachten.
Man meint, man könnte immer siegen.
Doch die Erinnyen heimlich lachten.

Der Sonne Bahn sich kürzer zeigt.
Manch dunkler Streif am Himmel mahnt.
Der Übermut sich bangend neigt.
Den Weg sich Wissen zögernd bahnt.

Ob man genützt die lichten Tage,
die man gnädig uns gewährt,
wird für viele jetzt zur Frage,
die sich leider niemals klärt.

Verronnen ist die Zeit der Ernte,
eh man sich ihrer wird gewahr.
Man wollte, dass man's eher lernte.
Doch zog so schnell hinan das Jahr.

Es vergeht die Trauer nie

Was du erhofft, sehr oft zerstiebt
am Felsen der realen Welt.
Im Augenblick, der nimmt und gibt,
das Wunschgebäude jäh zerfällt.

Mit den Trümmern, spitz und rauh,
errichten neu der Hoffnung Haus.
Aus des Himmels nassem Grau
lugt ein Sonnenstrahl heraus.

Erleuchtet hell für kurze Zeit
das Gespinst der Phantasie.
Man ist zu hoffen kurz bereit.
Doch es vergeht die Trauer nie.

Schicksals Allgewalt

Des Regens dünne Finger halten
fest des müden Geists Verlangen.
In des düst'ren Nebels Walten
hält der Abgrund ihn gefangen.

Hinauf, wo Licht ist und Ekstase,
treibt der Wunsch die inn're Kraft.
Doch übersprungen längst die Phase,
in der der Wille es auch schafft.

Der Traum ihm längst Vergangnes zeigt,
wo grün und bunt das Leben strahlt.
Doch müde sich der Geist jetzt neigt.
Gibt nach des Schicksals Allgewalt.

Am Ende

Ganz armselig und allein
wird der Mensch am Ende sein.
Das, was wichtig war und groß,
musst' schon längst er lassen los.

Blick ihm in sein Angesicht.
Was von Wert ist, aus ihm spricht.
Eingeschrieben jeder Zug,
den er in seinem Herzen trug.

Wie er auf die Welt gekommen,
wird er auch von ihr genommen.
Hilflos, schwach und ganz allein
wird der Mensch am Ende sein.

Lebensfahrt

Im Meer des Schicksals zieht der Kahn
des Lebens stetig seine Bahn.
Kreuzt durch Stürme und Gefahren,
die Balance sucht zu bewahren.

Bei Wellen hoch den Kurs zu halten.
Gemütes Segel zu entfalten.
Ankern dort, wo fest der Grund.
Halten hoch die Flagge bunt.

Im Mondschein dann die See sich breitet.
Des Seemanns Herz sich glücklich weitet.
Der Hafen ist bereits in Sicht.
Freude ist der Lohn der Pflicht.

Vergangenes

Ab und zu träum ich von Dingen,
die schon vor Zeiten untergingen.
Sie waren auch schon längst begraben,
als sie sich keck erhoben haben.

Ob schön sie waren oder nicht,
ist doch egal aus heut'ger Sicht.
Sie erfüllten ihren Zweck.
Ich schau sie an. Und leg sie weg.

Was die Gegenwart so bringt
ohnehin zu kämpfen zwingt.
Die Probleme gut entsorgen,
dass sie sich nicht regen morgen.

Meer der Tränen

So viele Tränen
hat die Menschheit schon geweint.
Im salz'gen Meere
alle Tränen sind vereint.
Beendet nicht
wird Leiden, Unterdrückung, Töten.
Das große Meer
wird deshalb aus den Ufern treten.

Fast glücklich

So lange bemüht.
Endlich erreicht.
Freudig gelächelt
in diese Welt.
Seht doch her!
Ich kann es!
Bin ich nicht groß?
Hoch
auf dem Seil.
Schritt
für Schritt.
Alles zu
meinen Füßen.
Die Niedrigkeit
der Welt.
Ein leichter
Windhauch.
Ein Fehltritt.
Mit schmerzlichem
Bedauern
hart zu Boden.
Gefallen.
Tief.
Fast wäre ich
glücklich gewesen.

Alltodesmacht

Frühlingsjubel.
Kindheitstrubel.
Weltenpracht.
Frohlebensmacht.

Sonnenlächeln.
Windesfächeln.
Wellenspiel.
Spätsommergefühl.

Herbsteswinken.
Hoffnungssinken.
Abschiedsbangen.
Gedankennachhangen.

Winterfrost.
Traumestrost.
Seelennacht.
Alltodesmacht.

sonnenuntergang

es geht
zu ende
die sonne sinkt
zum letzten mal
hinter den horizont
die finstere nacht
lauert bereits
hinter mir
bald wird sie
mich fassen
verschlingen
und ich
weiß nichts mehr
vom licht
von wärme
ob die sonne
mir noch einmal
aufgeht
wie einst?

Scheinwelt

Eingetreten in die Stille.
Zurückgestellt der eigne Wille.
In der Dämm'rung stetem Rauschen
ew'ger Weisheit Raunen lauschen.

Doch der Missgunst Widerstand
verschleiert, was man mühsam fand.
Lässt bloß Erkenntnisfunken klein
erreichen das bewusste Sein.

Erwachend nur der Zweifel bleibt,
der tausend grelle Blüten treibt.
Das Wahre hält man jetzt für Trug.
Der Schein hingegen ist genug.

Inneres Wissen

Der innere Abgrund fest ummauert.
Man es aus Herzenstief bedauert,
dass des Geistes Allgewalt
öffnen kann bloß einen Spalt.

Und auch das nur temporär.
Vergeblich hofft der Visionär
auf ständiges Erkenntisgold.
Der Grabstein wird davor gerollt.

Hin und wieder mag ein Strahlen
zart ein Phantasiebild malen.
Zwar Abglanz nur von inn'ren Gluten.
Doch Botschaft auch des Absoluten.

Fatum

Das letzte Sein durchzieht bangend die Schwärze des
lauernden Tags.
Vergeblich bäumt sich das Wollen, doch erliegt es dem
zwingenden Bann
des unerbittlichen Fatums, das unentwegt schreitet
voran.
Erst wenn der Blick erfasst den Abglanz ewiger Pracht,
ergibt das geweitete Herz sich freudig der herrischen
Geste
des finsteren Engels des Schattens.

Resonanz

Von fern hör ich Musik erklingen.
In meinem Herzen eine Saite
beginnt in Resonanz zu schwingen.
Allmählich ich ins Träumen gleite.

Was einmal war, erneut erwacht.
Wie lange ist das alles her!
Hatt' es vergessen schon gedacht.
Jetzt legt's sich auf die Seele schwer.

Was tot ist, soll begraben bleiben!
Es aufzuwecken, raubt die Ruh.
Mühsam wieder es vertreiben
und dann für ewig decken zu.

Lass die Musik im Wind verklingen.
Mein Herz erneut den Frieden fand.
Nichts kann den Panzer mehr durchdringen,
den ich um mein Fühlen wand.

lobeswort

lobeswort
bringt freude
ermuntert und beflügelt
schweigen
ist verachtung
lähmt und kränkt
neuer mut
wenn es gesagt
doch wer sagt's

Glück

Thema

Wie wunderbar ist es, bei dir zu sein!
Das Leben genießen mit dir nur allein.
Am Abend zu zweien an purpurnem Strand.
Zärtlich umfassen ganz still deine Hand.

Alsbald der Alltag kehrt grau wieder ein.
Die Pflichten wollen bewältigt doch sein.
Auch so ist das Glück für uns zu erlangen.
Doch weiß man es erst, wenn es vergangen.

Variation 1

Bei dir sein ist Glück.
Ins Abendrot sehen.
Spazieren gehen.
Gemeinsam ein Stück.

Bei Meeres Rauschen
voll Zärtlichkeit sein.
Am Strand ganz allein.
Küsse heiß tauschen.

Bald Alltag tiefgrau.
Man liebt sie nicht.
Die tägliche Pflicht.
Vermisst sehr das Blau.

Auch das kann sein Glück.
Erst hinterher
vermisst man es sehr.
Doch gibt's kein Zurück.

Variation 2

so unbeschwert
von glück betört
meeresstrand
hand in hand
voll zärtlichkeit
die herzen weit
alltags pflicht
frieden bricht
man erst sieht
wenn's entflieht
dass es glück
will's zurück

Variation 3

ein kuss am abend.
sonnenuntergang am meer.
frühstück zu zweit.
deine hand in meiner.
alltag.
im gewohnten trott.
glück.
man weiß es.
leider erst hinterher.
wenn alles anders ist.

Der Kuss

Ich wollte es sagen.
Doch ich blieb stumm.
Allein es zu tragen
ist doch zu dumm.
Könnt' ich doch bloß
dir zeigen mein Herz!
Wie ist doch so groß
mein heimlicher Schmerz.
Halt meine Hand.
Fühl meine Leiden.
Durchdringe die Wand,
die zwischen uns beiden.
Das Leben wär reich.
Vorbei der Verdruss.
Geheilt wär ich gleich.
Durch deinen Kuss.

Sternenhochzeit

Wie bist du schön!
Weißt du es nicht?
Ich möchte sehn
nur dein Gesicht.

Gehn wir ein Stück
den Bach entlang.
Du bist mein Glück,
des Lebens Klang.

Hörst du das Lied
aus tausend Kehlen?
Die Lieb erblüht,
soll nie uns fehlen.

Hochzeit ist
in grüner Au.
Ab heute bist
du meine Frau.

Brautbett weich
ist schon gemacht.
Sternenreich
die Hochzeitsnacht.

Nach Liebesglut
auf höchsten Höh'n
man wohlig ruht.
Wie bist du schön!

Wenn ich dich hätte

Wenn ich dich hätte, wär alles gut.
Wenn ich dich fragte, so voller Mut.
Wenn ich dich küsste, mit heißem Blut.
Wenn ich dich koste, in Liebesglut.
Wenn ich dich hätte, wär alles gut.

Doch bist du ein Traum, unsagbar fern.
Es leuchtet uns nicht der Liebesstern.
Dich anzusprechen, wie wollt' ich das gern.
Und möchte am Ende nur dir gehör'n.
Doch du bist ein Traum, unsagbar fern.

Wenn du mich nicht willst, verlässt mich der Mut.
Mir bricht dann das Herz, denn ich hab dich gern.
Den Liebesstern werf ich voll Gram in die Glut.
Und muss dich wohl lieben auch weiter von fern.
Nur wenn ich dich hätte, dann wär alles gut.

In dunkelblauer Stunde

Oft in dunkelblauer Stunde
sich erhebt die stille Kunde
von schon längst vergangnen Zeiten.
Lässt mich sanft ins Träumen gleiten.

In der Erinn'rung dann erwacht
mancher Tag, den wir verbracht
in still vertrauter Harmonie.
Zart klingt noch die Melodie.

Das Herz voll Wehmut lauscht der Weise,
die uns begleitet auf der Reise.
Bis sie im Nirgendwo versinkt
und nichts sie mir je wiederbringt.

Tanze mit mir

Tanze, mein Mädchen, tanze mit mir!
Ich halt dich im Arm ganz zärtlich und fest,
so dass ich auf ewig dich nie mehr verlier.

Unsere Kreise wir ziehen im Saal.
Wenn uns das gütige Schicksal nur lässt,
wirst du meine Braut und ich dein Gemahl.

Des Lebens Parkett ist tückisch und glatt.
Sollt' ich mal strauchelnd verlieren den Takt,
willst du uns dann führen an meiner statt?

Dein inniger Blick sagt, du bist dafür.
Zärtlich und wortlos wir schließen den Pakt.
So tanze, mein Mädchen, tanz weiter mit mir!

Gemeinsam

Wie schön es doch ist, mit dir zu gehen!
Durch Wüsten und Wasser, auf steinigen Wegen.
Mag uns der Wind auch heftig umwehen:
Wir schaffen es schon. Bei Sonne und Regen.

Das Ziel liegt verborgen am Ende der Zeit.
Wir wollen so gern es gemeinsam erreichen.
Zu Mühen und Plagen sind wir bereit.
Keiner wird jemals vom anderen weichen.

Das Blümlein

Die kleine Blüte lacht ihn an.
Soll er sie pflücken? An sich nehmen?
Fast hätte er es auch getan.
Wozu sich deshalb lange grämen?

Sie ist so klein und zart und süß.
Ihr Duft so frisch und unverdorben.
Lässt träumen ihn vom Paradies.
Obwohl so jung, wird sie umworben.

Ganz plötzlich muss er daran denken.
Er ist ein schon gereifter Mann.
Das Blümlein würde sich ihm schenken.
Doch nähm er es, wär's falsch getan.

In jüngren Händen wirkt es besser.
Es passt gut in Jugendzimmer.
Doch nicht in altersschwache Schlösser.
Darum entsagt er ihm für immer.

Verschmähte Liebe

Ich habe von deinem Unglück erfahren.
Meine Hand will ich hilfreich dir bieten.
Doch ich versteh auch dein seltsam Gebaren.
Du hast Bange vor denen, die dich verrieten.

Hast du zu mir denn auch kein Vertrauen,
dass du entfliehst dem einzigen Freund?
Lass in die Augen uns liebevoll schauen!
Ich hab es mit dir doch stets gut gemeint.

Vergiss den Anderen, der deiner nicht wert.
Nimm mich doch zum Mann! Wie liebe ich dich!
Hab niemals zuvor eine andre begehrt.
Ich lasse dich nie und nimmer im Stich.

Da werd' ich gewahr, wie blass du doch bist.
Dein Atem, der stockt. Dein Blick ist mir fern.
Deinen blutleeren Mund hätt' ich gerne geküsst.
Du hast mich verlassen und kannst mich nicht hör'n.

Ich halt dich im Arm, doch du bist schon weit.
Die Brust zerreißt mir der Abschiedsschmerz.
Wieso warst du nicht für meine Liebe bereit?
Ob ich dir folge zu gewinnen dein Herz?

Sag mir nicht, was Liebe ist

Sag mir nicht, was Liebe ist,
weil ich einmal dich geküsst.
Du dachtest einen Augenblick,
ich sei der große Weg ins Glück.

Doch sag ich dir, dass da nichts war.
Reizend war nur die Gefahr.
Das ew'ge Spielen mit dem Feuer.
Es lockte mich das Abenteuer.

Du bist sehr süß, muss ich gestehen.
Wir ließen es auch gern geschehen.
Und es war wirklich schön mit dir.
Doch mehr ist nicht, das glaube mir.

Nun willst du mich gleich an dich binden
und eine Ehe mit mir gründen.
Auch wenn es dir das Herz zerbricht:
Die große Liebe war das nicht.

Drum ist es besser, liebes Kind,
du vergisst das ganz geschwind.
Und glaub nicht, dass es Liebe ist,
wenn du einmal wirst geküsst.

Flucht

Die sprudelnde Quelle der Eifersucht
bei dir wahrlich nie mehr versiegt.
Es blieb mir kein anderes Mittel als Flucht,
bevor mein Glück ganz in Scherben liegt.

Mein Herz du wolltest mir reißen entzwei.
Es nageln an deine Wand der Trophäen.
Was mit mir wird, ist dir einerlei.
Doch keinesfalls ließ ich es mit mir geschehen.

Entronnen der Falle, die mein Verderben,
leb ich in Frieden jetzt vor mich hin.
Wenn ich auch manchmal meine zu sterben
vor Sehnsucht nach dir: ich bleib, wo ich bin.

Mondesfinsternis

Im Mondschein seh ich dein Gesicht.
In deinen Augen schimmern Tränen.
Ein Mondstrahl sich in ihnen bricht.
Gibt Kunde mir von deinem Sehnen.

In meinen Armen halt ich dich.
Kann es nicht für immer sein?
Du schmiegst dich liebevoll an mich.
Das Mondlicht hüllt uns zärtlich ein.

Doch unser Glück ist nur geliehen.
Du gehörst dem Andern an.
Die Sekunden schnell entfliehen.
Du musst zurück zu deinem Mann.

Ein letzter Kuss. Ein letzter Blick.
Verfinstert ist des Mondes Schein.
Wir fühlen, es gibt kein Zurück.
Du reißt dich los. Ich bin allein.

Arm in Arm

Leise steigen sanfte Töne
aus des Herzens tiefstem Grund.
Erinnern mich an all das Schöne,
das uns erfreut in froher Stund'.

Als der Winter sich gesenkt
viel zu früh auf unser Haupt,
wurde das, was uns geschenkt,
mit harter Hand alsbald geraubt.

Des Frühlings milder Hauch so fern.
Uns blüht wohl keine Rose mehr.
Und doch, wie haben wir es gern,
zu schreiten Arm in Arm einher.

Letzte Bitte

Dort unten, bei den gelben Rosen,
hast du mich dereinst geküsst.
Jetzt lass ich mich vom Wind liebkosen,
seit du nicht mehr bei mir bist.

Der Himmel weint statt mir die Tränen,
denn mein Aug' ist längst schon leer.
Versteinert ist in mir das Sehnen.
Liegt in der Brust mir zentnerschwer.

Wenn ich einst gestorben bin,
schreibt aufs Grab mir diesen Spruch:
„Er hat geliebt mit Herz und Sinn,
doch die Lieb' ward ihm zum Fluch."

Leid siegt

Wer sagt,
dass die Freude
stärker ist
als das Leid?
Leid kann
lange währen.
Freude nur kurz.
Kaum ist sie da,
wird sie vom Leid
hinweggefegt.
Als hätte es sie
niemals gegeben.
Das Leid bohrt,
hält an,
nagt und quält.
Die Freude
wehrt sich.
Schwach.
Sie stirbt.
Kann nicht bestehen.
Der Intellekt
mischt sich ein.
Er richtet.
Er schlichtet.
Der Verstand sagt:
Freue dich.
Doch das Herz
leidet.

Unverbesserlich

Süßer Duft der Freiheit.
Entronnen all den Qualen.
Der Weg dahin war weit.
Und teuer zu bezahlen.

Die Hoffnung schien verloren.
Vom Herzen fällt ein Stein.
Den Vorsatz heiß beschworen,
nie traurig mehr zu sein.

Doch dauert es nicht lange,
da geht's von neuem los.
Es nagt die Zwiespaltsschlange.
Zufriedenheit verfloss.

Der Freiheit Duft verflogen.
Freude liegt darnieder.
Den alten Brauch gepflogen.
Verloren alles wieder.

Vielleicht

Manchmal
greift der Schmerz
mit Macht
nach dir.
Schlägt
ohne Warnung
zu und
reißt dich
aus den Träumen.
Wenn
ein Zahn
dich schmerzt,
reißt man
ihn aus.
Was tun,
wenn
die Seele
in Bedrängnis
schreit?
Der Schmerz
sich tiefer
bohrt
ins Herz?
Trag es.
Ertrag es.
Es
geht
vorüber.
Vielleicht.

Leise Klänge

Die leisen Klänge
heilen die Wunden.
Lösen die Stränge,
die fest dich gebunden.

Behutsam sich regen
die lichten Ideen.
Sie gefühlvoll bewegen,
was neu kann erstehen.

Lärmend verlor
die tödliche Enge.
Es führen empor
die leisen Klänge.

Das Tor

Vor dem geheimnisvoll schillernden Garten
musst' ich am Ende schon sehr lange warten.
Hatte beinahe schon gänzlich vergessen,
welch endlose Strecke zuvor ich durchmessen.

Durchs Tor sah ich Blüten in endlosen Reihen
und Brunnen den Wasserstrahl himmelhoch speien.
Bunter, exotischer Vögel Gesang
die sanftlaue Luft gar lieblich durchdrang.

Es gab keine Glocke, um nach Einlass zu läuten.
Es kam dann ein Mann, mir die Lage zu deuten.
Mein Sehnen wuchs stetig, hinein zu gelangen.
Doch hernach ich erfuhr, dass *ich* war gefangen.

Man ließ aus der Wüste mich noch nicht entfliehen.
Musste noch länger umher darin ziehen.
Erst wenn ich Hitze und Sturm widerstände,
das Tor zum Garten weit offen ich fände.

Der Mann war verschwunden, ich stand da allein.
Ich konnt' es nicht glauben und fing an zu schrei'n.
Es hörte mich keiner, mir half keine Macht.
Der Garten versank im Dunkel der Nacht.

Das Warten vergebens, ich musste wohl gehen.
Ich mühte mich sehr, den Sinn zu verstehen.
Kam nicht darauf, doch nahm ich mir vor:
In einiger Zeit komm ich wieder zum Tor.

Ein Schrei in der Nacht

Ein Schrei in der Nacht
verhallt ungehört.
Ist keiner erwacht.
Hat keinen gestört.

Schlafen denn alle?
Verschließen die Ohren?
Sie sitzt in der Falle.
Ist einsam verloren.

Gepanzertes Leid.
Erstickt jedes Hoffen.
Verlorene Zeit.
Der Abgrund gähnt offen.

Finster die Not.
Kein Trost sie erhellt.
Umfangen vom Tod.
Das Leben zerfällt.

Wer wusste denn schon
von den heimlichen Klagen?
Das hat sie davon.
Hätt' sollen was sagen.

Vergebliches Sehnen

Im Frühling brach ich keine Rosen.
Den Dorn ich scheute allzu sehr.
Doch auch die sanftesten Mimosen
weckten niemals mein Begehr.

Der Sommerblumen frisches Bunt
mein Herz mit Macht berührte.
Ich küsste gern ihr sanftes Rund,
das mich mit Lieblichkeit verführte.

Im Herbstwind, eh der Winter sinkt,
denk ich an sie mit viel Entzücken.
Die letzte Rose lächelnd winkt.
Zu schwach die Hand doch, sie zu pflücken.

Auf und Ab

Manchmal Schwermut überfällt
auch den, der heiter lebt dahin.
Der Tag wird plötzlich ihm vergällt.
Es hilft da keine Medizin.

Vergeblich ist der Kampf dagegen.
Hilft nur die Zeit still abzuwarten
und ganz bei sich zu überlegen,
wie man gewinnt mit schlechten Karten.

Ob ein Bluff wohl helfen kann?
Den Gegner nur nicht unterschätzen.
Es gelingt nur dann und wann,
ihn wirklich unter Druck zu setzen.

Doch wenn es wieder aufwärts geht,
mit den Karten und dem Glück,
die Chance auf Sieg viel besser steht.
Man kommt ins Hoch ganz schnell zurück.

So geht es wohl das ganze Leben.
Einmal unten, einmal oben.
Trotz allem stetig weiterstreben.
Auch das Bemühen ist zu loben.

Atempause

Das Schicksal hält den Atem an.
Lässt dich für kurze Zeit zufrieden.
Du gehst ungestört voran.

Nütz die Zeit der Atemnot,
die dir gelegentlich beschieden.
Das einz'ge Glück wohl bis zum Tod.

Freude siegt

Wie viele Gipfel noch erklimmen?
Aus wie viel' Tälern noch entfliehen?
Wer kann die Wege denn bestimmen,
die mir auferlegt zu ziehen?

Nach mühevollem Vorwärtsschreiten
über Hürden hoch und steil,
möcht ich müd ins Traumland gleiten
und kappen kurzerhand das Seil.

Auf grünen Matten zwischen Blüten
ruhen müßig und mit Wonne.
Fern dem wilden Sturmeswüten
ergeben sich der ew'gen Sonne.

Die Plage weicht dem stillen Frieden.
Nur liebevolle Harmonie
ist dem Wandrer jetzt beschieden.
Die Freude siegt. Die Trauer nie.

Das alte Kreuz

Ein altes Kreuz am Wegesrand.
Seit langer Zeit es dort schon stand.
Zeugt von Glauben und von Treu.
Gab vielen Hoffnung stets aufs Neu.

Gar manches hat es schon gesehen,
was im Lande ist geschehen.
Hat überdauert Krieg und Plag.
Und so manchen Hagelschlag.

Kaum einer schätzt es heute mehr.
Meistens sind die Herzen leer.
Wenn's allen gut geht, braucht man's nicht.
Man sieht nur zu, wie es zerbricht.

Wenn Lebens Wind erst kälter weht,
denkt mancher dran, wofür es steht.
Erneuert dann mit starker Hand
das alte Kreuz am Wegesrand.

Aufstieg

Ich blick vom Berg ins Tal hinab,
das dunkel liegt, still wie ein Grab.
Mich schon früh der Gipfel rief,
als unten alle Welt noch schlief.

Erster Sonnenstrahl mich rührt
und ins Licht mich sanft entführt.
Geblendet von des Himmels Schein,
ich seh nicht mehr ins Tal hinein.

Hin zum Kreuz es zieht mich noch.
Ist es dort am hellsten doch.
Hoch es überragt mein Haupt.
Mächtig schützt es den, der glaubt.

Mein Geist schweift jubelnd weit hinaus.
In Sphären hoch ist sein Zuhaus.
Eins sein ahnend mit dem All.
Vergessen ist das tiefe Tal.

Blumenrot

Bachgrund im Tal.
Weg so schmal.
Ein Haus duckt sich dort
am dunstigen Ort.
Grasfransiges Dach.
Ängstlich und flach.
Vom Lichte geschieden.
Von Menschen gemieden.
Schwammbrettrige Wände.
Künden das Ende.
Aus Augen tot
trotzt Blumenrot.

Der Zweig

Der Zweig erblüht um Mitternacht.
Die Sterne leuchten zu mir her.
Im Dunkel trösten sie mich sacht.
Erlösen mich von Traume schwer.

Wieso in dunkler Schwärze blühen
auf die Knospen jung und fein?
In ew'ger Weite tief erglühen
mit überirdisch hellem Schein?

Ich schwebe zwischen Traum und Wachen.
Mein Geist durchdringt das ganze All.
Seine Sonnen mir entfachen
Erkenntnisblitze ohne Zahl.

Doch was bedeutet dieses Zeichen?
Bin ich noch in dieser Welt?
Oder musste längst ich weichen,
weil das Urteil ward gefällt?

Mein Sinn verliert sich in der Ferne.
Die Nacht im Feuersturm verglüht.
Längst verblasst sind alle Sterne.
Ob der Zweig wohl bald erblüht?

kalt weht der wind

kalt weht der wind
über's gemüt
freude verrinnt
und frost bitter blüht
trotz sommers macht
hilft da kein wehren
heranzieht die nacht
will alles verzehren
spitz über dir
des mächtigen beil
hängt tödliche tür
am schwächlichen seil
das herz ist erstarrt
erwartet den stoß
es wird genarrt
und lässt doch nicht los
verborgen tief lauert
was stets neu beginnt
das gemüt es erschauert
wie kalt weht der wind

Mystik des Seins

In der Mystik aller Tage
tief verborgen liegt die Frage
nach dem Werden und Vergehen
und der Suche nach Verstehen.

Das Wie sich stetig transformiert
und von Mal zu Mal mutiert.
Doch das Warum krönt obenauf
die Frage nach dem Weltenlauf.

Geheimnisvoll der Kreis sich schließt,
wenn aus Fels das Grün erspießt
und die Blumen dann zerfallen,
eine hingegeben allen.

Aus dem Staube wächst empor
die Treppe zu dem Himmelstor.
Bis niedersinkend neu ersteht,
was stirbt und dennoch nie vergeht.

Im Kreislauf stetig neu gebunden,
doch höher zweifellos gewunden,
zieht alles oben seine Bahn.
Und unten ist es gleichgetan.

Vereint sich dereinst die Bewegung
zur allerhöchsten Geistesregung,
wird das Verstehen das All umfassen.
Und aller Zweifel wird verblassen.

Geistesstärke

Schrei, so laut du kannst.
Es wird dich keiner hören.
Doch wenn du dich ermannst,
dann kannst du dich auch wehren.

Verspürst du Furcht und Angst,
der Feind wird dich bald finden.
Und wenn du feige bangst,
wird er dich überwinden.

So wappne dich mit Mut.
Mit deiner Geistesstärke.
Und mit ruhigem Blut
geh überlegt zu Werke.

Dann vermagst du vieles.
Du wirst die Angst besiegen.
Angesichts des Zieles
kannst du plötzlich fliegen.

Innere Schau

Längst vergangen ist die Zeit,
als alle Räder sich noch drehten.
Leben blühte weit und breit.
Und viele bunte Fahnen wehten.

Nun das dürre Gras wogt still.
Verlassen stehen Haus und Feld.
Eine alte Tür quietscht schrill.
Alles Menschenwerk zerfällt.

Die schwache Sonne taucht das Land
in gelblich-fahles Dämmerlicht.
Und der Zeiten schmales Band
in winzig kleine Stücke bricht.

Der Clown ist es gewesen

Der Clown ist es gewesen.
Er schaut so lustig drein.
Sie fressen einen Besen,
wenn er's nicht war allein.

Es versteckt das Böse
sich hinter einem Lachen.
Hinter dem Getöse
geschehen stille Sachen.

Der arme Clown, er weint,
er fleht sie an um Gnade.
Die Menge ist vereint.
Ist keiner sich zu schade.

Die Meute schreit erregt.
„Hängt den Lumpen auf!"
Hat Hand an ihn gelegt.
Nahm seinen Tod in Kauf.

Ganz still der Clown da liegt.
Der Mob hat sich verloren.
Ein Mann sich sicher wiegt.
Und er bleibt ungeschoren.

Die andere Welt

Schmal das Band,
dort zwischen Tag und Nacht.
Ein Nebelland,
vom Denken scharf bewacht.

Lass dich gleiten
auf der Gefühle Schwingen,
um alle Zeiten
und Grenzen zu bezwingen.

Was gewesen,
sein wird und jetzt ist.
Im Herzen lesen,
was bei Tag verfließt.

Dunkel spüren,
gebannt von Schicksals Walten.
Man lässt sich führen,
ganz ohne zu gestalten.

Doch nicht lange
vermag man dort zu bleiben.
Der Logik Schlange
wird dich bald vertreiben.

Es ist nicht viel,
was man hernach behält.
Nur ein Gefühl
von der ganz andern Welt.

Verhöhnung der Geister

Mir könnt ihr nichts machen.
Ich bin stark genug
und werde nur lachen.
Denn ich bin auch klug.
Ich widerstehe euch allen
und weiß, was ich will.
Ihr seht mich nicht fallen.
Ich erreiche mein Ziel.

Voll Spott und voll Hohn
so sprach er zur Welt.
Im Himmel der Lohn.
Ich brauche kein Geld.
Seit meiner Jugend
bin ich gerecht
und voller Tugend.
Ich war niemals schlecht.

Sie hörten's, die Geister.
Des Nachts sie erwachten.
Wir sind die Meister,
die am Ende stets lachten.
Wir werden dich lehren,
uns zu verhöhnen,
unsre Ruhe zu stören,
dem Hochmut zu frönen.

Sie kamen heran.
Die Habgier, der Geiz,
der Größenwahn.
Frauen voll Reiz,
üppig und geil.

Der Hunger nach Macht
erfasste ihn steil.
Mordlust erwacht'.

Was ihm bisher missfiel,
ihn ganz fest ergriff.
Was anfangs ein Spiel,
ihn mächtig nun rief.
Trunksucht und Pracht,
Herrschsucht und Hass,
sie haben vollbracht,
dass er nie mehr genas.

Als die Tage sich neigten,
er fühlt' sich jäh schlecht.
Die Geister ihm zeigten
die Fratze, die echt.
Sie hielten ihm vor
den Spiegel des Lebens.
Wie er verlor
die Straße des Strebens.

Sie lachten voll Hohn.
Wir haben gewonnen.
Das hast du davon.
Jetzt ist zerronnen
dein Leben, dein Heil,
denn jetzt wirst du sterben.
Es wird dir zuteil
Tod und Verderben.

Er wollt' zeigen es allen,
doch bös war der Lohn.
Sein Leib ist zerfallen,
die Seele davon.

Aus Übermut
weckt' er die Geister,
die lange geruht,
und fand seine Meister.

Wunderblume

Der Dämm'rung Vorhang sinkt hernieder.
Erdrückt mit ihrer feuchten Schwere
mir das Herz, lähmt mir die Glieder.

Der Weg verborgen in der Nacht.
Mir legt die Angst sich in die Quere
mit ihrer ganzen dunklen Macht.

Stimmen raunen um mich her.
Locken mich schalmeiensüß.
Fragen mich, was ich begehr'.

Jeder Wunsch sei mir gewährt,
wenn ich mich einfach fallen ließ
in den Sumpf ganz unbeschwert.

Schon spüre ich den kalten Hauch,
der mich umfasst und will mein Blut,
mein Leben und die Seele auch.

Da erschau ich hellen Schein.
Es ragt aus all des Bösen Flut
ein wundersames Blümelein.

Ich fasse es in höchster Not
und fühle seine stille Kraft,
die überwindet Nacht und Tod.

Am Horizont ein goldnes Glühen.
Einen neuen Tag erschafft
der Wunderblume helles Blühen.

Die schwarze Feder

Die Zeit hält den Atem an.
Erstarrt liegt alles darnieder.
Inmitten ein mächtiger Schwan
reckt stolz sein schwarzes Gefieder.

Unter gebreiteten Schwingen
hält die Welt er im Zaum.
Leicht konnt' er alle bezwingen,
versenken in düsteren Traum.

Der goldene Pfeil liegt bereit.
Vom Bogen schnellt ihn ein Held.
Zertrümmert den Räuber der Zeit.
Der Schwan in die Ewigkeit fällt.

Der tödlichen Dunkelheit
soll ewig erinnern sich jeder.
Drum schwebt in die erwachende Zeit
ganz leis' eine schwarze Feder.

Hoher Preis

Dort drüben im Walde so blau,
da trieben, ich weiß es genau,
es Elfen und Gnome ganz heiter.
Sie helfen dem gerne weiter,
der schließt sich in ihren Kreis.
Doch rein muss er sein in der Seele.
Kann sein, dass ihn erwähle,
ein Kindweib, so zart wie ein Hauch.
Den Leib, flüchtig wie Rauch,
sie bietet ihm an voller Freud'.
Doch hütet ein Gnom seine Maid.
Mit Argwohn will er hindern dem Glücke.
Mit Hohn er zeigt seine Tücke.
Verborgen doch bleibt ihm das Paar.
Am Morgen ist zu End die Gefahr.
Doch bald der Gast muss erfahren:
Er bezahlt mit des Lebens Jahren.
Denn alt ward er lang' vor der Zeit.
Der Wald entfernt ist nun weit.
Vergangen das nächtliche Glück.
Nur Bangen bleibt ihm zurück.
Sein Begehr ihm macht große Not
nach der, die er sieht nur im Tod.

Das Mondfest

Tanzet, ihr Faune und Elfen, den Reigen!
Stampfet und hüpfet im magischen Kreise!
Schalmeien, spielt auf und singet, ihr Geigen!
Das Mondfest gefeiert in uralter Weise!

Des vollrunden Mondes silberner Strahl
taucht all die Tänzer in magisches Licht.
Die Gnome bereiten indessen das Mahl,
denn zu den Tänzern gehören sie nicht.

Sie flehen herab der Mondgöttin Segen,
um sie zu stärken, wenn sie sich freien.
Tanz und Musik soll'n die Göttin bewegen.
Hierauf zerstreut sich das Völkchen zu zweien.

Ein Faun sich nimmt eine Elfe zur Seite.
So komme, er lockt, und sei heut die Meine!
Es bisher noch niemals eine gereute,
die mich geliebt hat im Mondenscheine.

Die Elfe sich sträubt. Sie will keinen Faun.
Sie mehr einen jungen Elf begehrt,
sich ihm zu geben und anzuvertrau'n.
Doch hilft es ihr nichts, dass sie sich wehrt.

Was hernach in den Büschen geschieht,
wie das Elflein zerbricht in des Faunes Hand,
außer dem Mond sonst niemand sieht.
Die arme Elfe man späterhin fand.

So tanzet, ihr Faune und Elfen, den Reigen!
Stampfet und hüpfet weiter im Kreise!
Schalmeien, spielt auf und singet, ihr Geigen!
Das Mondfest gefeiert in uralter Weise!

Vage Erinnerung

Ganz tief in mir ein Lied erklingt.
Unbekannt die Melodie.
Erweckt in mir Melancholie.
Erinnerung vage wiederbringt.

Längst vergessne Sternenreise.
Ahnungsvoll ein Bild ersteht.
Doch es gleich im Dunst verweht,
wenn verklingt die zarte Weise.

Ehe ich es noch kann fassen,
zerfällt das leichte Klanggebilde.
Ich muss des Wunders Traumgefilde
ohne zu verstehen verlassen.

Kehre wieder, Melodie,
aus der Seele ew'gen Weite.
Lass erklingen still die Saite
der unbegrenzten Phantasie.

selbstvertrauen

die zügel angezogen
von des tages mühen
gedanken sind verflogen
können nicht erblühen
wer weiß den grund dafür
dass alles ist chimäre
dass es heißt verlier
als ob das gar nichts wäre
doch kennt man schon die tücke
hinter wolken lauern
all die verlornen stücke
versteckt unter bedauern
getarnt mit lauen sprüchen
die heiterkeit verfliegt
doch mit lauten flüchen
die ohnmacht wird besiegt
alles so wie's war
hinan dann gleich herab
eh es dir wird klar
du stehst vorm offnen grab
wirf doch ab die fesseln
die gelähmt den geist
setz dich in die nesseln
wenn's nötig sich erweist
das schicksal dich nicht schafft
es ist ja selbst gemacht
vertrau auf deine kraft
so ist es doch gedacht

Zwischenwelt

Dort,
in der Zwischenwelt,
wartet
auf dich
des Geheimnisses
Lösung.
Die Ahnung
bestätigt.
Das Wollen
erfüllt.
Umarmen die
einzige,
wahre,
unendliche
Weisheit.
Errungen alles,
was einst
so heiß
begehrt.
Zufrieden
und glücklich
vergeht
alles Wünschen.
Am Morgen
läutet
der Wecker.
Der Alltag
spült weg
die Erkenntnis.
Was bleibt,
ist Traurigkeit.

Und Sehnen.
Nach dem
verlorenen Glück.

Aus Liebe verloren

Er folgte gehetzt der silbernen Fährte.
Dem Schatten entrinnen, der Glück ihm verwehrte.
Hinauf auf glitzernder Gipfel Asyl.
Im Licht sich zu bergen, das ist sein Ziel.

Gegen den Kranz, weißgolden durchwoben,
vergebens das tückische Dunkle wird toben.
Im gleißenden Glanz es kann ihn nicht sehen.
Auf einsamer Spitze kann er bestehen.

Er hat es geschafft und fühlt nur Triumph.
Entronnen ist er dem tödlichen Sumpf.
Doch der Schatten ist listig und schlau.
Er zeigt ihm das Bild der geliebten Frau.

Tritt aus dem Glanz er, so ist er verloren.
Doch wenn sie am Ende ihn doch hat erkoren?
Der Zweifel nagt bitter und stachelt ihn auf.
Dann wagt er's und nimmt den Tod in Kauf.

Voll Liebe streckt er den Arm ihr entgegen.
Muss aus dem gleißenden Schutz sich bewegen.
Das Weiß bleibt zurück, das Schemen verweht.
Vom Dunkel verschlungen im Nichts er vergeht.

Die tote Geliebte

Er sieht sie nachts im Garten.
Sie wandelt stumm im Schnee.
Sie scheint auf ihn zu warten.
Auf dass er mit ihr geh'.

„Wieso du zeigst dich mir?
Was willst du mir bloß sagen?
Stehst barfuß vor der Tür.
Du scheinst mich anzuklagen.

Zeig nicht auf mich, Geliebte.
Du hast doch *mich* verlassen.
Was mich sehr betrübte.
Und mich willst du jetzt hassen?"

Sie starrt aus dunklen Höhlen.
Es glänzt ihr weißes Hemd.
Sie scheint etwas zu quälen.
Und wirkt so kalt und fremd.

„Zurück in dein Gelass!
Erschreck mein Herz nicht mehr.
Wie bist du doch so blass.
Und dein Blick ist leer."

Da streckt sie aus die Hand.
Winkt mit dem Finger zart.
Da reißt sein Lebensband.
Er sinkt zu Boden hart.

Ausharren

Es bereitet mir viel Mühen,
blick hinauf ich zu den Sternen,
mich dem Wunsche zu entziehen,
mich ganz heimlich zu entfernen.

Denn es geht hier schwerlich weiter.
Doch was soll's, muss es bestehen.
Ich nehme alles lieber heiter.
Müsste sonst vor Zorn vergehen.

Lehn mich zurück und pfleg der Ruh.
Will meinen Frieden wiederfinden.
Ich halt die Luft an und schau zu.
Sollen sich die andern weiterschinden.

Schön wär's dort oben wahrlich schon.
Gar lockend ist der Sterne Schein.
Doch was hätt' ich schon davon:
Das Schicksal holte doch mich ein.

Unstern

Wär gern geblieben.
Doch alles war vergebens.
Ward getrieben
vom frischen Wind des Lebens.

Wie liebt' sie mich.
Ich konnt' mich nicht entschließen.
Ließ sie im Stich.
Auch andre Glück verhießen.

Ein Ziel erreicht.
Das nächste lockt mit Macht.
Es keinem gleicht.
Sind wie Tag und Nacht.

So allein.
Ich hab jetzt keine mehr.
Düstres Sein.
Mein Herz ist schrecklich leer.

Wär gern geblieben.
Doch jetzt ist es vergebens.
Ward getrieben
vom Unstern meines Lebens.

Blumen

Die Blumen auf dem Grab
täuschen nicht hinweg
über den Tod.

Doch auch das Leben gab
dir Blumen auf den Weg
aus deiner Not.

Der Hoffnung grüner Stab
sei der schmale Steg
ins Abendrot.

Achte auf den Augenblick

Achte auf den Augenblick.
Ist er vorbei, gibt's kein Zurück.
Du könntest es sehr lang bereuen
und es dir schwerlich nur verzeihen.

Es ist dir möglich nur im Jetzt,
zu meiden das, was dich verletzt.
Ergreife die Chance auf das Rechte,
auch wenn dich andres locken möchte.

Doch da wir alle fehlbar sind,
verpassen wir das Glück geschwind.
Wir hoffen dann auf das Geschick,
dass kommt ein gleicher Augenblick.

Allein

Nachdem der Letzte war gegangen,
packt die Trauer mich erneut.
Der Seelenhimmel ist verhangen,
hab mein Herz noch nicht befreit.

Als die Freunde waren zugegen
dacht' ich nicht an meine Liebe.
Doch jetzt sich tausend Ängste regen.
Keiner, der sie mir vertriebe.

Allein im Vestibül der Hölle
scheint das Leid der einz'ge Sinn.
Als ob aus allen Ritzen quölle
Tod und ewiger Ruin.

Eine dunkle Melodie
aus fernen Träumen aufersteht.
Für kurze Zeit sie mir verlieh
ein flücht'ges Glück, das gleich verweht.

Gesunken auf das Bett der Nacht
dein Bild vor mir ich heiß beschwöre.
Doch die Erinnerung ist verflacht,
ich nur dein helles Lachen höre.

Du hinterließest mir nur Spott.
Mein Gefühl war dir nichts wert.
Ich hadre hart mit meinem Gott.
Er mein Gebet nicht mehr erhört.

So fallt, ihr Sterne, deckt mich zu!
Begrabt mein Fühlen und mein Sinnen.
Vielleicht find ich dort drüben Ruh.
Mög' mein Schmerz im Nichts zerrinnen.

Wörter

Wörter.
Doch
wo ist
das Wort?
Arm
und klein
nur gesagt,
was so
groß und
erhaben
gefühlt.
Erklinge,
Ton!
Verschmilz
mit dem Wort
zu künden
mein Fühlen.
Und verlier
dich
in der
Unendlichkeit.
Verkünde,
was
nicht
gesagt
werden
kann.

Teil 2

Von der Dunkelzeit zum Licht

Gedichte zu Winter und Frühling

Wie sich uns zwischen Abend und Morgen eine Welt auftut, die beim Anbrechen des neuen Morgens wie Nebel in der Sonne verschwindet, so erschließen sich viele Gefühle in der dunklen Zeit des Winters, wenn sich der Blick mehr nach Innen wendet. Der zweite Teil ist diesem Phänomen und dem allmählichen Übergang zur helleren Jahreszeit gewidmet.

Wintersonne

Blutrot liegt der Schleier
auf dem starren Feld.
Totenstill der Weiher
letzten Strahl erhält.

Am dunst'gen Horizont
die schwache Sonne steht.
Vis-à-vis der Mond
bleichkühl aufwärts geht.

Vergangen alles Kosen.
Totengleich verklingt
der letzte Traum von Rosen.
Das Leben kalt versinkt.

Zerbrochenes Lachen

Tanzet, ihr Flocken, tanzet herab!
Bedecket schneeweiß das traurige Feld.
Lasst uns lustig vergessen das Grab.
Zu leben im wirbelnden Reigen gefällt.

Komm, meine Liebste, tolle mit mir!
Wir gleiten hinunter den eisigen Hang.
Ich halte dich, dass ich dich niemals verlier.
Und küsse dich heiß, dass dir ist nicht bang.

Wein doch, mein Herz, es war alles vergebens!
Die eisige Hand noch fest hält die meine.
In der strahlenden Blüte des Lebens
zerbricht das Lachen an einem Steine.

Eisiger Preis

Erstarrt der See und alle Bäche,
wie das Herz in deiner Brust.
Über die glatte Eisesfläche
flitz ich hin voll grimm'ger Lust.

Ich teile mit der Kufen Schneide
dein erfrornes Herz in Stücke.
Wenn ich wegen dir schon leide,
zahl ich heim dir deine Tücke.

Keinem sollst du je gehören!
Belachtest meinen Liebesschmerz.
Du kannst mich noch soviel beschwören:
Den Fischen füttre ich dein Herz.

Ich zieh dahin so schnell ich kann.
Entfliehen will ich Frost und Eis.
Bald ist meine Kraft vertan.
Doch du bezahltest deinen Preis.

Vergebliche Hoffnung

Glatt das weiße Land sich breitet
vor der Seele endlos weit.
Der Geist es ruhelos durchschreitet,
durchmisst gefühlvoll alle Zeit.

Wenn die Sonne kraftlos flieht
den müden Wandrer durch die Welt,
und einher die Dämm'rung zieht,
dann er schnell ins Sinnen fällt.

Des Frühlings Lachen ist verflogen.
Vorbei des Sommers hoher Schein.
Des Herbstwinds Bunt hat sich verzogen.
Er irrt im Eisesland allein.

Die Hütte der Erinnerung
ersehnt sein Herz, erfüllt von Gram.
Weggeworfen, als er jung,
hat dort er Anstand, Ehr und Scham.

Ob die erfror'nen Füße tragen
den Greis an diesen Ort zurück?
Endlich wiederzuerlangen
das geringgeschätzte Glück?

Hereingebrochen ist die Nacht.
Kein Stern die Schwärze mehr erhellt.
Für den Wandrer ist's vollbracht.
Auf ihn der Schnee ganz leise fällt.

Sommertraum

Der Traum vom fernen Meeresrauschen
zieht sich tief durch mein Gefühl.
Am verborgnen Strand zu lauschen
im Sonnenschein der Wellen Spiel.

Dem Geschrei der Möwen spotten,
das so tölpelhaft erklingt.
Die traulich sich zusammenrotten,
wenn der Abend niedersinkt.

Doch dann mit offnem Blick ich seh
des düstren Winters frost'ge Macht.
Es braust der Sturm mit Eis und Schnee
durch die endlos lange Nacht.

Schwarzer Vögel heis'res Krächzen
vertrieb die weißen Wellenreiter.
Im Wintersturm die Bäume ächzen.
In Wächten hoch komm ich nicht weiter.

Versunken all des Sommers Glanz.
Das Azur dem Eisblau wich.
Auch das Herz erfriert bald ganz.
Der Traum sanft übers Auge strich.

Frostige Einsamkeit

Verloren ging das Glück
der frohen, hellen Zeit.
Trübe ward der Blick.
Er geht jetzt nicht mehr weit.

Im Nebelgrau die Schauer
wehen weiß daher.
Sie decken zu die Trauer,
die auf der Brust liegt schwer.

Das Herz im Sturmesheulen
nicht hört mehr eignen Schlag.
Wie gern möcht es noch weilen
im hellen Sommertag.

Erstarrt nach eis'ger Nacht
ist alles weit und breit.
Das Herz nicht mehr erwacht
aus frost'ger Einsamkeit.

Verborgenes Leid

Sieh hinaus dort auf die Wiesen,
auf die Felder dürr und leer.
Alle Formen trüb verfließen
im Dämmernebel grau und schwer.

Doch dann der Flocken Fröhlichkeit
deckt zu die dunkle Trauererde.
Ich fühle mit, denn auch mein Leid
liegt unter heiterer Gebärde.

Vergessene Fragen

Ich habe die Fragen vergessen,
die endlos quälten mein Herz.
Jetzt muss ich einsam durchmessen
den Winter bis spät in den März.

Wie macht mir der Frost doch zu schaffen,
der jählings befiel mein Gemüt!
Geschlagen mit tödlichen Waffen.
Die Rose auf ewig verblüht.

Erfroren sind längst die Gefühle,
die zart mit dir mich verbanden.
Selbst in des Hochsommers Schwüle
die Liebe ist nicht mehr erstanden.

Wenn vergessen die Fragen,
eine Antwort ist nicht mehr gefragt.
Ein Herz kann vieles ertragen.
Doch einmal das stärkste verzagt.

Ein schwarzer Fleck

Schwarzer Fleck im weißen Feld.
Gebrochen drohen dürre Flügel.
Düstren Vogels Krächzen gellt
verzweifelt über weiten Hügel.

Wie doch mein eignes Los ihm gleicht!
Auf des Lebens Feld gefangen.
Das Ziel wird nur sehr schwer erreicht.
Möcht so gern doch Glück erlangen.

In weißer Öde endlos leiden.
Das müde Herz ist kalt erstarrt.
Von dieser Welt verzweifelt scheiden.
Von der Hoffnung blind genarrt.

Ewiger Traum

Tief verschneit der Wald sich zeigt.
Es hängen schwer die Äste nieder.
Mancher Baum sich müde neigt.
Käm nur bald der Frühling wieder.

Durch den Schnee noch unberührt
tiefer stets ich müh mich weiter.
Dass dahin kein Weg mehr führt,
stimmt mein müdes Herz recht heiter.

Niemand wird mich hier je finden,
bis der Tauwind mächtig geht.
Keiner wird mir Kränze winden,
weil der Schnee die Spur verweht.

Friedlich bett ich mich zur Ruh.
Hab dein Bild ganz tief in mir.
So soll's bleiben immerzu:
Im Traume ewig nur bei dir.

Die Birke

Er sieht ihre holde Gestalt nur von fern.
Dann scheint sie plötzlich im Nichts zu vergehen.
Blieb sie doch stehen! Er möchte so gern
ihr Antlitz auch aus der Nähe sehen.

Am Rande des Waldes er sucht ihre Spur.
Ob sie führt tiefer ins dunkle Gezweig?
Was sucht im finstren Gehölze sie nur?
Verließ sie den Weg und sicheren Steig?

Kein Tritt mehr zu sehen im glitzernden Schnee.
Nur eine Birke voll Anmut da steht.
Ob er wohl sah eine reizende Fee,
die ihm sich gezeigt und dann leise verweht'?

Verzweifelt lässt in den Schnee er sich fallen.
Umarmt die Birke voll heißem Verlangen.
Träumt von den Küssen der Schönsten von allen.
Merkt kaum, dass die Zweige ihn zärtlich umfangen.

Sie finden ihn erst nach einiger Zeit.
Er lächelt noch selig so wie im Traum.
Doch ist zu erwachen er nicht mehr bereit.
Sie lösen mit Mühe ihn nur von dem Baum.

Winterschlaf

Die Sonne tiefrot sinkt
in grauen Nebels Wand.
Das letzte Licht ertrinkt.
Gelöst des Tages Band.

In kalter blauer Nacht
ruht aus der müde Geist.
Vom Eise überdacht
er träumend weiterreist.

Durchzieht die Sternenbahnen
wie in der Frühlingszeit.
Doch bald verliert das Ahnen
sich in der Dunkelheit.

Vielleicht erwacht erneut
im Frühlingslicht der Wille.
Kann sein, dass er sich scheut
vor neuerlichem Ziele.

Frühlingserwachen

In des Winters Traumeswelt
ein erster Sonnenstrahl leis' fällt.
Am Anfang merkt man es noch kaum,
doch schafft die Wärme sich mehr Raum.

Erstes Grün sticht durch den Schnee.
Hoffnung keimt, verdrängt das Weh.
Nach allzu langer Winternacht
die Lebenskraft aufs Neu erwacht.

Doch ist der Kampf noch nicht gewonnen.
Ein zähes Ringen hat begonnen.
Der Frost, er schlägt noch tiefe Wunden.
Das Herz wird lang' noch nicht gesunden.

Doch wenn im Schnee sich Rosen zeigen,
sich weiße Glöckchen zärtlich neigen,
dann juble, Herz, und freu dich weit.
Denn es erwacht die Frühlingszeit!

Von der Dunkelzeit zum Licht

Die Wintersonne dem Frühlingsmond weicht.
Von der Dunkelzeit geht es zum Licht.
Was die Sehnsucht hat nicht erreicht,
von selbst an der Sonne hilflos zerbricht.

Auf, hinaus geht es nun in die Weite!
Das hoffende Herz erblüht wieder im Mai.
Geh mit der Schönheit Seite an Seite.
Ehe der Taumel ist zu rasch vorbei.

Es dämmert schon

Es dämmert schon. Die Nacht entflieht.
Herauf der milde Tag bald zieht.
Vertreibt des Winters kaltes Herz.
Es schwindet auch der Seele Schmerz.

Endlich Licht und zartes Hoffen.
Es steht der Erdkreis wieder offen.
Aufwärts strebt der Sonne Bogen.
Die Düsternis ist bald verflogen.

Wenn erst der jungen Knospen Zeichen
das Gefühl kann neu erweichen
und allumfassend Liebe bringt,
das Lied vom Leben hymnisch klingt.

Vorfrühlingsrummel

Sonne Eis Schnee
Wasser Bach See
Vogelsang Märzenwind
Bienenflug Luft so lind
Blüten Gras Blätter
Kätzchen Schönwetter
Frohkinderlachen
Gartenschönmachen
Hummelgebrummel
Vorfrühlingsrummel

Des Lebens Band

Obwohl die Tage länger werden,
Frost und Schnee nicht wollen weichen.
Der Winter will sich toll gebärden,
erkennen nicht des Jahres Zeichen.

Doch unter letzten Schnees Decke
hoffend keimt schon zartes Grün.
Auf dass der Tauwind es erwecke,
um sanft es an den Tag zu zieh'n.

In des Frühlings goldner Sonne
des Winters Macht dann doch zerfließt.
Das Leben bricht hervor voll Wonne
und in der Wärme hell ersprießt.

Wo der Schnee dann wich zurück,
erste Blüten scheu sich zeigen.
Sie wiegen sich im Wind voll Glück
und tanzen mit den Faltern Reigen.

Wie sich das Herz voll Freude weitet,
wenn der Frühling zieht ins Land!
Von junger Hoffnung froh geleitet.
Geflochten neu des Lebens Band.

Wieder bereit

Der erste Schritt hinaus
ins frische Grün.
Ein leuchtend bunter Strauß
will mir erblühn.
Es lässt die laue Luft
mich atmen frei.
Heiße Sehnsucht ruft
und lockt aufs Neu.
Hoffnung wunderbar
lässt mich gesunden.
Was auch immer war,
scheint überwunden.
Kalt mein Herz wohl bliebe,
weil du gegangen,
ersehnte es nicht Liebe
voll Verlangen.
Nach langer dürrer Zeit
in Winters Nacht
mein Herz ist neu bereit
für Blütenpracht.

Im Maimond

Im Winter so dunkel sie sehnte sich sehr.
Wie gerne sie wäre nicht so allein.
Die Tage vergingen, ihr Herz war so leer.
Verloren sie träumte beim Kerzenschein.

Der Tauwind mächtig verwehte den Frost.
Der Tag wurde länger, doch einsam sie blieb.
Auch der Sonnenschein war ihr kein Trost.
Die Unruhe sie in die Natur hinaus trieb.

Sie werkte im Garten, sie wandert' im Wald.
Für wen sich plagte, fragte sie sich.
Im Herzen war ihr immer noch kalt.
Die Sehnsucht auch im Frühling nicht wich.

Im Maimond dann verlor sie ihr Herz.
Ein freundlicher Mann ging auf sie zu.
Sie nahm es ernst, was er sagte im Scherz.
Die Sehnsucht gestillt, doch weg war die Ruh.

Weg war die Ruh und weg war der Mann.
Die Sehnsucht verdrängt von ganz anderen Sorgen.
Ein neues Leben für sie nun begann.
Denn sie wird nicht allein sein mehr morgen.

Mailiebe

In geheimnisvoller Nacht
sah er sie stehn im Mondenschein.
Ihr Anblick ihn so selig macht.
Er will nur hin zu ihr allein.
Unter Blüten, dort ihm Garten,
stand das Mädchen elfengleich.
Er bat sie, dort auf ihn zu warten.
Blume unter Blüten reich.
Sie war ein wunderbares Kind.
Strahlend wie der junge Morgen.
Rein wie linder Maienwind.
Bei ihr verwehen seine Sorgen.
Sie lächelt süß und voll Vertrauen.
Lehnt an ihn sich unschuldsvoll.
Er will ihr reines Antlitz schauen.
Weiß nicht, was er machen soll.
Vom Zauber dieser Nacht gefangen,
er küsst sie sanft auf Aug' und Mund.
Er macht ihr Herz vor Sehnsucht bangen.
Noch nie erfuhr sie solche Kund'.
Tief drinnen spürt der Mann die Frage,
ob es recht, was er da tut.
Der Zweifel wird beinah zur Plage.
Doch zum Nein fehlt ihm der Mut.
„Ich will nehmen dich mit mir.
Mache dich zu meiner Frau.
Ich lasse dich nicht länger hier.
Auf unsre Liebe nur vertrau!".
Ein Naturkind war sie wohl.
Er wollte sie so vieles lehren.

Vom Maiwind war sein Herz wie toll.
Sie konnt' davon genug nicht hören.
Am nächsten Tag war er gegangen.
Der Zweifel siegt' im Morgenlicht.
Ließ sie zurück mit Hoffen, Bangen.
Der Zauber einer Nacht zerbricht.
Ein Traum schien ihm nur jene Nacht.
Hielt nicht stand der Wirklichkeit.
Fast hätte er was falsch gemacht.
Und hätte es wohl lang' bereut.
Er stand längst im vollen Leben.
Wie schön ihm doch die Neue schien.
Ihr will er seinen Namen geben.
Die Blume welkt vor Kummer hin.

Schuld hat der Mai

Gestern war ich noch glücklich.
Doch heut ist's vorbei.
Ich sag es ausdrücklich:
Die Schuld, die trägt nur der Mai.

Ich hab sie am Wegrand gesehen.
Wie war sie doch süß!
Um mich ist's geschehen.
Ich hab mich verliebt ganz gewiss.

Im Maiwind mein Sehnen erwachte.
Betört war mein Denken.
Ich bei mir dachte,
ob sie ihr Herz mir würd' schenken?

Ich wollte zurück und hielt an.
Doch sie war gegangen.
Die Chance war vertan.
Ich konnte mein Glück nicht erlangen.

Ich möchte sie wiedersehen.
Wo mag sie bloß sein?
Will mit ihr gehen.
Das schuldet der Mai uns zwei'n.

Die Macht des Frühlings

Draußen erblühen die Bäume.
Die ganze Welt jubiliert.
Vorbei ist die Zeit der Träume.
Der Frühling wieder regiert.

Im duftenden Rausch der Farben
das Leben strotzend erwacht.
Es muss jetzt niemand mehr darben.
Versunken die eisige Macht.

Es regt sich im Innern Verlangen.
Die Sehnsucht schenkt keine Ruh.
Das einsame Herz voller Bangen,
doch freudig verlangt nach dem Du.

Der samtblaue Maienmond
gütig verzaubert die Wesen.
Er ihre Sehnsucht belohnt
und lässt sie durch Liebe genesen.

Alle Bedenken versinken.
Die Herzen vereinigt in Liebe.
Vom Kelche des Frühlings trinken.
Wenn es nur ewig so bliebe!

Der längste Tag

Die Blüten
sind vergangen.
Die milde Zeit
war kurz.
Erst noch Frost.
Dann bald
die Hitze.
Aus den Blüten
Früchte.
Aus der Jugend
Reife.
Es wird
sich zeigen.
Wie die Saat,
so die Ernte.
Am Horizont
der Glast aufzieht.
Der
längste Tag.
Der
hellste Tag.

Teil 3

Die flötenspielende Kuh

Skurriles und Komisches gereimt und ungereimt

Der dritte Teil befasst sich mit den heiteren, komischen und grotesk-skurrilen Aspekten des Lebens. Dieser Abschnitt, der vereinzelt auch Prosa enthält, ist nicht unbedingt ernst zu nehmen. Ernst ist nur die Absicht, die Dinge ironisch und von ihrer komischen Seite zu betrachten.

Die flötenspielende Kuh

Ein Senn im Herbst im Wirtshaus saß.
In froher Rund und trank und aß.
Von seinen Taten jeder spricht.
Auch der Senn gibt gern Bericht:

„Eines Nachts wurd' ich geweckt,
weil ein Geräusch mich hat erschreckt.
Ganz schrecklich wimmert' es vorm Haus.
Ich lief, um nachzusehen, hinaus.

Vor Staunen traf mich fast der Schlag.
Im Mondschein, hell war's wie am Tag,
tat eine Kuh, anstatt zu grasen,
eifrig in die Flöte blasen.

Der Ton war furchtbar, glaubt es mir.
Da wurde wach sogar der Stier.
Doch lernt' sie schnell, die alte Kuh,
ich hörte ihr verwundert zu."

„Das ist doch wirklich nicht normal.
Wo bleibt da Anstand und Moral?!",
erheben die andern ein Geschrei.
„Was denkst du dir denn bloß dabei?"

„Gemach, gemach, so hört mir zu.
Auch ich war böse auf die Kuh.
Ich fand es einfach unerhört.
Weil die Flöte mir gehört!"

Immer mäßig

Ich trink nicht viel, das muss ich sagen.
Ich hab ja einen schwachen Magen.
Obwohl mir schmeckt auch Bier und Wein,
lass ich es meistens lieber sein.

Halt mich zurück, so gut ich kann.
Ich bin ein willenstarker Mann.
Mach's nicht wie die vielen andern,
die durch die Lokale wandern.

Zum Gabelfrühstück mal ein Bier.
Zwei Krügel höchstens gönn ich mir.
Vielleicht ein Schnapserl hintennach.
Verhindert arges Ungemach.

Als Aperitif vorm Mittagessen
ein Glas Sekt ist angemessen.
Manchmal werden es auch zwei.
Denn letztlich ist ja nichts dabei.

Zum Essen dann nur ein, zwei Bier.
Mäßigkeit ist meine Zier.
Zum Abschluss bloß ein Viertel Wein.
Dafür muss er vom Besten sein.

Mein Prinzip ist Mäßigkeit.
Bin gegen jede Üppigkeit.
Drum nur *ein* Cognac zum Kaffee.
Das tut mir ganz bestimmt nicht weh.

Nach dem Essen wird gerastet.
Am Nachmittag dann strikt gefastet.
Hernach beruhigt ein Magenbitter
mir mein inneres Gewitter.

Am Abend soll man mäßig sein.
Ich kehr in eine Schenke ein.
Eine kalte Platte nur.
Und dazu zwei Viertel pur.

Geordnet ist mein Tageslauf.
Setz grad noch einen Klaren drauf.
Ich lass mich nicht wie andre gehen.
Bin immer mäßig, wie Sie sehen.

Meine Stärke

Meine Stärke
sind die Werke,
die ich tu,
wenn ich ruh.

Bin ich wach,
werd ich schwach.
Mach dann was,
was kein Spaß.

Zuviel essen,
Pflicht vergessen,
Filme sehen,
ins Wirtshaus gehen.

Flirten, schäkern,
fluchen, meckern,
streiten, raufen,
sich besaufen.

Das Attest
steht nun fest:
Ich bin nur brav,
wenn ich schlaf.

Hunde

Der Nachbar hat zwei dumme Hunde.
Niemand hat sie je gelehrt.
Sie geben mir beständig Kunde,
wenn wer geht und wenn wer fährt.

Den lieben Nachbarn es nicht stört.
Er ist wohl völlig dumpf und taub.
Doch meine Ruh hat aufgehört.
Macht' mich am liebsten aus dem Staub.

Ich schimpfe leise vor mich hin,
wenn sie bellen wieder mal.
Meiner Frau hingegen schien
mein Schimpfen die viel größre Qual.

Das Bellen macht ihr gar nichts aus.
Doch eines scheint mir völlig sicher,
hab Ärger ich deshalb zu Haus:
Schuld sind nur die blöden Viecher!

Rechtschreibreform

Irgendwann hat man beschlossen,
dass man endlich anders mache,
was bislang hat sehr verdrossen:
Nämlich unsre deutsche Sprache.

Alles sollte leichter werden.
Verstehen sollt' es jedes Kind.
Besonders die, die hier auf Erden
ganz weit weg geboren sind.

Man erwählte kluge Männer
und auch Frauen, ist ganz klar,
von denen jeder wohl ein Kenner
und ein Sprachexperte war.

Sie sehr lange dann berieten,
erfanden Regeln sonder Zahl,
wollten schier sich überbieten.
Doch Unsinn blieb es allemal.

Mit Doppel S soll's leichter gehn,
wo früher mal ein scharfes stand.
Flussschifffahrt ist extra schön.
Wo *die* Experten man wohl fand?

Wahrscheinlich dient es nur zum Spasse,
wenn da steht Fussball oder Gruss.
Manche schreiben jetzt auch Strasse,
oder heissen und auch Russ.

Denn auch nach Neu muss man es wissen,
wie es geht und wie man's schreibt.
Man kann Regeln auch nicht missen.
Die Erkenntnis übrig bleibt.

Warum man *rauh* hat weggenommen
das stumme H, bleibt uns verborgen.
Denn roh und nah sind knapp entkommen.
Die zähe Kuh blickt froh auf Morgen.

Auch wenn es uns nicht sehr erfreut:
Die Gämse einen Stängel frisst,
die Regel wird uns eingebläut,
man schnäuzt sich, was ein Gräuel ist.

Der Dialekt kann sie nicht bremsen.
Doch was ist denn mit den Enten?
Eine Gams und viele Gämsen.
Drum: Eine Anten, viele Änten.

Doch fehlte oft die Konsequenz.
An Eltern hat man nicht gedacht.
Und vertritt mit Eloquenz,
dass Ältern ist nicht angebracht.

Besonders treffend scheint mir das:
Jetzt As mit Doppel S gehört.
Jeder Experte nun ein Ass.
Den Sinn auf Englisch man beschwört.

Ein Meeting im Büro („Setzen")

Also sprach der Chef eines Morgens zu seiner Belegschaft:
„Liebe Kolleginnen und Kollegen! Wie Sie sicher alle wissen, haben wir vom Herrn Direktor den Auftrag erhalten, eine rasche Lösung für das Problem zu finden, wie mit den neuen Gesetzen im Haus umzugehen sei und welche Konsequenzen daraus zu ziehen sind.

Ich schlage vor, dass wir uns alle zusammensetzen, um uns mit der neuen Lage auseinanderzusetzen. Es hätte keinen Sinn, wenn wir uns auseinander setzen würden, denn nur in Zusammenarbeit aller entstehen brauchbare Lösungen. Wir sollten zwei Gruppen bilden. Wie sich diese zusammensetzen sollen, überlasse ich Ihnen. Ich habe als Arbeitsunterlage für Sie die entsprechende englischsprachige EU-Richtlinie übersetzen lassen.

Im Laufe des Vormittags wird der Herr Direktor bei uns vorbeischauen, um etwaige Zwischenergebnisse mit uns zu diskutieren. Ich bitte Sie, aufzustehen, wenn er hereinkommt. Und wir sollten uns dann alle wieder zusammen setzen, damit nicht einer stehen bleibt. Es könnte sein, dass, wenn keine brauchbaren Ergebnisse zustande kommen, der Herr Direktor uns sehr zusetzen wird. Liefern Sie also keine nachlässige Arbeit, damit er daran nichts auszusetzen hat.

Ich möchte jedenfalls voraussetzen, dass sich alle hinsetzen und ihr Bestes geben. Sollte einer wenig einbringen, sollten die übrigen sich nicht darüber hinwegsetzen, sondern vielmehr versuchen, die fehlenden Ideen durch eigene zu ersetzen. Es soll aber keiner versuchen, sich abzusetzen, denn auch Nachdenken gehört zum Dienst. In diesem Fall würde ich nicht zögern, den Betreffenden in eine andere Abteilung zu versetzen.

So ersuche ich Sie, meine Worte quasi sich setzen zu lassen, bevor Sie mit der Arbeit beginnen. Den Zeitpunkt des Beginns der Gruppenarbeit möchte ich mit 10 Uhr festsetzen.

Ich ersuche auch um konstruktive Mitarbeit und sich aller zersetzenden Bemerkungen zu enthalten.

Ich werde mich jetzt auf diesen Stuhl setzen und auf den Herrn Direktor warten. Es möge sich aber keiner zurückgesetzt fühlen, wenn ihn der Herr Direktor nicht persönlich anspricht. Wenn er weiterhin fleißig arbeitet, wird er sich schon irgendwann durchsetzen. Und den weniger Fleißigen werde ich schon entsprechend zusetzen. Wenn der Herr Direktor wieder gegangen ist, können Sie Ihre Diskussionen fortsetzen.

Ich erwarte jedenfalls Ergebnisse! Der Herr Direktor könnte mich sonst absetzen und meinen Posten mit jemand anderem besetzen. Die Gruppen sollten ihre Beratungen bis 15 Uhr beendet haben, da ich danach noch zu einer Beisetzung muss.

Möchte jemand meinen Ausführungen noch etwas hinzusetzen?

Wenn alles klar ist, wünsche ich Ihnen viel Erfolg!"

Missverständnis

Immer wieder stellt er fest,
dass das Glück ihn stets verlässt,
besonders dann, wenn er drauf baut
und auf's Gelingen fest vertraut.

Wie neulich, als er auf der Straße
freundlich war in höchstem Maße,
als er einen Herrn gebeten,
ihm doch 'nen Zwanz'ger abzutreten.

Helfen wollt' er ihm dabei.
Doch dem Herrn war's einerlei.
Um Hilfe schrie er grundlos laut.
So hat der Deal nicht hingehaut.

Wieder nichts! Er hadert still.
Die Welt ihn nicht verstehen will.
Er wollte sich doch nur was borgen.
Hätt' gereicht für ihn bis morgen.

In dunkler Zelle sitzt er nun.
Hat viel Zeit, sich auszuruh'n.
Obwohl versorgt nun in der Welt,
hat er sich's anders vorgestellt.

Mit Nichten

Unter hohen Fichten
traf ich meine Nichten.
Bei den alten Tannen
wir darüber sannen,
wie wir könnten treffen
auch meine beiden Neffen.
Wir wollten sie dann suchen
bei den roten Buchen.
Doch konnten wir mitnichten
dort die Neffen sichten.
Die Neffen waren zu finden
auch nicht bei den Linden.
Drum musst' ich meinen Nichten
bei am Ende pflichten:
„Sie sind zu finden kaum
unter einem Baum.
Du wirst beim Bier sie treffen.
Deine beiden Neffen."

Eine Hinrichtung („Richten")

In einem Provinzblatt in einer Kleinstadt in Texas erschien vor kurzem folgender Bericht, der einige Aufmerksamkeit erregte:

„Doppelmörder wird hingerichtet!

(Eigenbericht) Der Doppelmörder James T. Burns wird am kommenden Dienstag hingerichtet werden. Wie berichtet, hatte der Mann ein altes Ehepaar in dessen Wohnung heimtückisch ermordet.

Die Wohnung des Paares war sehr elegant eingerichtet und daher ein Anreiz für Diebe. Auf ihre Sicherheit sehr bedacht, hatten die Leute ein ausgeklügeltes Alarmsystem errichten lassen, welches aber gegen die Einbruchskünste von Burns ebenso wenig ausrichten konnte wie ein eigens für Wachzwecke abgerichteter Hund.

Obwohl das Paar stets seine Steuern entrichtet hatte, musste auch die Polizei unverrichteter Dinge wieder abziehen, als sie von Burns, der das Paar als Geiseln genommen hatte, über den Stand der Dinge unterrichtet wurde.

Die Hausfrau musste dem Verbrecher sogar eine Mahlzeit anrichten. Dieser dankte es der Frau auf übelste Weise, indem er sie später fürchterlich zurichtete und ihr mit der Vorrichtung zum Obstpressen die Hand zerquetschte. Er ließ später der Polizei durch den Ehemann ausrichten, dass er härtere Maßnahmen ergreifen würde, wenn man sich nicht nach seinen Forderungen richtete.

Dass der Mann letztlich nach dem Mord an dem Ehepaar noch gefasst werden konnte, wurde mit Genugtuung vermerkt. Man hatte schon befürchtet, er werde es sich durch irgendwelche krumme Machenschaften wieder richten können, aber der Richter ließ sich nicht in eine falsche Richtung drängen und verhängte einen richtungsweisenden Schuldspruch.

Wir berichteten seinerzeit darüber.

So wird derzeit alles für die bevorstehende Hinrichtung hergerichtet, indem der Galgen bereits heute aufgerichtet wird."

Ein kleiner Indianer

Ein kleiner Indianer
stand da im Fellpyjama.
Er kam uns nur besuchen,
weil er wollte Kuchen.
Doch wiesen wir ihn einfach ab,
denn Kuchen war bei uns sehr knapp.

Das konnt' ihn sehr verdrießen
und er begann zu schießen
mit langen spitzen Pfeilen
und laut dazu zu heulen.
Doch wir nahmen ihm ganz keck
Pfeil und Bogen einfach weg.

Ihn stimmte das nicht heiter.
Er brüllte einfach weiter.
Und hört' nicht auf zu springen
und stark in uns zu dringen.
Wir verbleuten ihm das Hinterteil
und stachen ihn mit einem Pfeil.

Da lief er weg in die Prärie.
Nach Kuchen fragt er seitdem nie.

Neulich hatte Eminenz

Neulich hatte Eminenz
eine starke Flatulenz.
Laut sie durch die Kirche dröhnte.
Sogar die Orgel übertönte.

Die Leute eingeschüchtert sind
wie ein ungezognes Kind.
„Heute hat er's uns gegeben!
Die beste Predigt in seinem Leben!"

Promenade

Die Promenade dort am Strand
zieht sich wie ein schmales Band
um die Bucht entlang dem Meer.
Viele gehn drauf hin und her.

Eine Frau kam anspaziert,
die war am Busen tätowiert
mit einem Vogel grün-oliv.
Nur flog der leider ziemlich tief.

Auch ein Mann kam da gegangen,
der trug am Kopf verfilzte Schlangen.
Medusa selbst würd' da erschrecken
und sich angsterfüllt verstecken.

Als nächstes rollt' ein Bauch daher,
ganz behäbig, rund und schwer.
Es waren Beinchen zu erblicken,
die von der Last zusammenknicken.

Es folgte dann ein junges Paar,
das sehr verliebt war offenbar.
Sie sahen und sie hörten kaum
und liefen gegen einen Baum.

Ein Mann schritt müde da einher.
Er tat beim Gehen sich schon schwer.
Doch hatte er, ich sah's genau,
eine ziemlich junge Frau.

Noch vieles gab es da zu schauen:
Hässliche und schöne Frauen,
Männer, Kinder und auch Hunde,
von denen geben könnt ich Kunde.

Doch einmal heißt's nach Hause gehen.
Für heut hab ich genug gesehen.
Kino brauch ich keines mehr,
komm ich zur Promenade her.

Kabeljau

Ein ausgewachsner Kabeljau,
der suchte dringend eine Frau.
Doch sie zu finden war sehr schwer,
besondern hier im Mittelmeer.

Zur Nordsee schwamm er daraufhin
und wagte einen Neubeginn.
Doch dort war alles leergefischt,
und die Frau war ihm entwischt.

Auch die Ostsee war nicht besser,
obwohl sie kleiner und nicht größer.
Sucht nach seiner Kabelfrau.
Fand zwar ein Kabel, doch kein Jau.

Verstört er wendet sich gen Norden.
Sucht dort weiter in den Fjorden.
Auch hier er konnte keine finden,
um einen Ehestand zu gründen.

Die Suche war für ihn vergebens
bis zum Ende seines Lebens.
So stirbt bald aus der Kabeljau,
weil er sich findet keine Frau.

Beharrlichkeit führt zum Ziel

Er gerät schnell außer Puste,
steigt er den Berg zu ihr hinauf.
Doch liebt er innig seine Guste.
Darum nimmt er es in Kauf.

Doch folgt sie seinem Werben nicht.
Denn es gibt was, das sie stört.
Er soll haben schwer die Gicht.
Das Gerücht hat sie gehört.

Er bringt ihr einen großen Strauß.
Jeden Tag nur rote Rosen.
Er legt sie ihr dann vor ihr Haus.
Und träumt vom Küssen und vom Kosen.

Er gefällt auch ihr ganz gut.
Kann er wirklich kränklich sein?
Doch immerhin zeigt er viel Mut.
Eines Tags lässt sie ihn ein.

Er kann's nicht fassen, ist gerührt.
Er küsst behutsam ihre Hand.
Auch sie jetzt leise Liebe spürt.
Die Ängstlichkeit sehr bald verschwand.

So leben sie schon zwanzig Jahr'.
Glücklich meist und sehr zufrieden.
Die Gicht doch ein Gerücht nur war.
Zehn Kinder ihnen waren beschieden.

Wein und Wein

Wein, Wein, nur du allein!
Oder so ähnlich.
Bist mein einz'ger Sonnenschein.
Vermiss dich sehnlich.

Drum fahre ich aufs Land hinaus.
Wo rein die Luft.
Ich setz mich in ein Winzerhaus.
Wo's Glaserl ruft.

Ich kost den Weißen, dann den Roten.
Welch ein Wein!
Es schien am Ende mir geboten,
genau zu sein.

Ich kann mich wirklich nicht entscheiden.
Drum ohne Scheu,
um Fehlurteile zu vermeiden,
beginn ich neu.

Kannibalen

In exotischen Spiralen
kamen näher Kannibalen.
Bunt angemalt ganz grell,
liefen sie heran sehr schnell.
Der erste trug ein Hackebeil.
Der zweite schleppt' herbei ein Seil.
Der dritte einen Kessel rollte,
der immer anderswo hin wollte.
Einen Rost die andern hatten,
für die, die lieber wollten Braten.
Mit entsetzlich wilden Sprüngen
suchten sie auf mich zu dringen.
Die Weiber sprangen hintendrein,
um nicht zu spät zum Fraß zu sein.
Sie sicher dünkten sich der Beute,
die lieben Menschenfresserleute.
Ich war nicht faul und nahm Reißaus.
Hab verdorben ihren Schmaus.
Als sie sahen, dass ich entronnen,
haben sie damit begonnen,
aufeinander einzustechen
und die Knochen sich zu brechen.
Die beste Lösung sicherlich,
wenn sie bleiben unter sich.
Das gilt für Zahme wie für Wilde.
Ich denk', ihr alle seid im Bilde.

Zwetschkensterne

Am schwärzlichen Zelte die glitzernden Sterne
hängen herum wie Zwetschenkerne.
Ein köstlicher Kuchen der Himmel wohl ist,
durch den man sich nächtens im Traume frisst.

In einer Zwetschke sich ringelt ein Wurm,
der wackelt ganz wacker im Sternensturm.
Auf eine Schnuppe er flüchtet sich schnell.
Der Zwetschkenstern leuchtet jetzt weniger hell.

Das Schauspiel breitet sich aus übers All.
Der Laie nennt's heute den urigen Knall.
Da hilft am Ende kein Trachten und Sinnen.
In allen Sachen der Wurm ist darinnen.

Das Verlies

Nach verlesenem Erlass
ward er verlassen im Verlies.
Man ihn leider dort vergaß
und ins Vergessen ihn verstieß.

Es mit Recht ihn sehr verdross,
dass keiner Hilfe ihm erwies,
bis zu fliehen er beschloss,
da auf einen Weg er stieß.

Leis' verließ er das Verlies,
welches lag jetzt ganz verlassen.
Man in eifrig suchen ließ.
Doch konnte man ihn niemals fassen.

Der Häscher Zorn ist unermessen.
Sie vor lauter Wut erblassen.
Möchten ihn am liebsten fressen
und werden ewiglich ihn hassen.

Der Flüchtling lässt sich nicht erpressen.
Kann jetzt endlich wieder spaßen.
Dass das Verlies er konnt' vergessen,
freut ihn über alle Maßen.

Ergriffene Ergreifer

Ergreifen.
Ein Ergreifer wird ergriffen.
Von einem anderen Ergreifer.
Der Ergriffene ist ergriffen.
Der ergreifende Ergreifer ist auch ergriffen.
Über das Ergreifen des Ergriffenen.
Der ergriffene Ergriffene ist auch ergriffen.
Über den ergreifenden Ergreifer.
Ergreifer und Ergriffener sind ergreifend ergriffen.
Ergriffener Ergreifer und ergreifender Ergriffener.
Ergriffen.

nicht bedacht

merkwürd und stummig
laut und stillos
unsinn und dummig
klein winziggroß
wer versteht's
ödig welten
zum himmel fleht's
grob verschelten
spaß und hohnig
ernst gerüttelt
reich belohnig
wenn ermittelt
in hand gelacht
wenn erwogen
nicht bedacht
was gezogen

ungereimtes

ungereimtes ungereimt.
es leichter scheint.
es leicht erscheint.
ist angemessen.
mühe wär verschwendet.
rede, wie die zeit es fordert.
doch keinen überfordern.
teils geordnet.
teils auch wirr.
eil zum nächsten schnell.
das ist gefragt.
nicht tief denken.
braucht keine form.
wo ist kein inhalt.
und wo ist inhalt.
da schnell innehalt.
wäre schade.
zu versäumen.
du magst säumen.
und verweilen.
aufzunehmen.
anzunehmen.
abzulehnen.
denken.
fühlen.
handeln.
träumen.
reim drauf machen.
sein.

logik

es
geht darum,
den weg zu
finden und ihn auch
zu gehen bis zum ziel.
doch wie heißt das ziel?
wer kennt es schon?
war keiner dort.
wär sonst
fort!

nonsense

ich lache.
meine faust.
mir.
ich lache mir.
in meine faust.
nonsense schreit.
nonsense schreitet.
fort.
und weiter.
lache nonsense.
in meine faust.

ehre

leere
schwere
in die quere
zieh die lehre
gut vermehre
schlecht bekehre
nicht beschwere
und nicht wehre
lange währe
all das hehre
nicht verwehre
was dich nähre
glück begehre
hohe sphäre
ehre

überdacht

problem.
erkannt.
lösung.
gefunden.
beurteilt.
gehört überdacht.
wurde überdacht.
lösung trocken.
regnet nicht ein.

Goethe fürs Leben

Es geht die Sache weiter.
Niemand ist gefeit.
Oft wird man gescheiter
erst nach läng'rer Zeit.
Reingefallen alle,
die so klug sich dachten.
Zugeschnappt die Falle,
die Fallensteller lachten.
Doch was schert mich dieses.
Geh weiter meiner Wege
und am Ende hieß es,
dass ich richtig läge.
Goethe war sehr klug.
Schrieb nicht nur *einen* Band.
Doch mir ist es genug,
was ich bei Götzen fand.

Morgenstund

„Ich schlafe lieber noch 'ne Stunde",
sprach die schöne Kunigunde.
„Halt mich bitte nicht für prüde.
Ich bin nur noch ein bisschen müde."
Sie drehte ihm den Rücken zu.
War eingeschlafen dann im Nu.
Es störte ihn der Umstand nicht,
dass er nicht sah ihr ins Gesicht.
Er rückte dicht an sie heran.
Warum nicht? Gedacht, getan!
Als sie erwachte, sagt' sie fröhlich:
„Jetzt wäre ich soweit allmählich.
Ich hatte einen schönen Traum.
Doch der allein genügt mir kaum."
Er schaute ganz betreten drein:
„Muss das wirklich jetzt noch sein?
Das geht jetzt nicht mehr, liebe Gunde!
Jetzt schlaf *ich* erst mal 'ne Runde."

Türen

„Sperr die Ohren auf und höre
und mich dann nicht weiter störe.
Ich erzähle dir genau,
wie das war mit deiner Frau.

Als ich vom Wirtshaus kam nach Haus,
zog ich gleich die Schuhe aus,
um meine Frau nicht aufzuwecken
und womöglich zu erschrecken.

Es war ja schon nach Mitternacht
und ich habe mir gedacht,
geh über die Terrasse rein,
die Tür wird sicher offen sein.

Als ich legte mich zu Bett,
fand ich es so richtig nett,
dass meine Frau mich lieb empfing
und sogleich zur Sache ging.

Ich war erfreut und staunte sehr.
Wo hatt' sie all das plötzlich her?
Was sie tat, war mir ganz neu.
Als ob sie eine andre sei.

Auch sie war, wie mir schien, zufrieden.
‚Du hast mich schon so lang' gemieden?',
sagte sie. ‚Und überhaupt,
ich habe dich im Dienst geglaubt.'

Mir kam die Sache komisch vor.
Ich hatte Nachtdienst nie zuvor.
Ich machte Licht und staunte sehr.
Wo kam denn *deine* Frau bloß her?

Wo war meine hingekommen?
Und wer hat sie mir weggenommen?
Sie schaut' mich an, dann kreischte sie:
‚Was suchst du hier, du blödes Vieh?

Legst dich zu mir, eh ich erwacht.
Was hast du bloß mit mir gemacht?
Scher dich raus, ehe ich schrei.
Sonst hole ich die Polizei!'

Ich sage drauf: ‚War doch nicht schlecht!
Dass du mich schimpfst, ist ungerecht.
Denn gefallen hat's auch dir.
Hab bloß geirrt mich in der Tür.

Besser ist's, wir schweigen beide.
Dass dein Mann nicht deshalb leide.
Wir sagen's meiner Frau auch nicht
und vergessen die Geschicht'.'

Doch leider konnt' sie's nicht verhehlen
und musste es dir gleich erzählen,
was ich doch für ein Wüstling sei.
Wie's wirklich war, ist einerlei.

Jetzt ist auch böse meine Frau,
denn sie erfuhr es ganz genau.
Keiner spricht jetzt noch mit mir,
weil ich nahm die falsche Tür."

Der andre sagt: „Was du gemacht,
ist schon arg, nimm dich in acht.
Doch vielleicht wird's dich erfreuen:
Ich werde dir als Freund verzeihen.

Das mit der Tür kann wirklich sein.
Auch ich geh öfters hinten rein.
Als ich vom Nachtdienst morgens kam,
nahm meine Frau ich in den Arm.

Ich umarmte sie von hinten.
Sie schien es wirklich schön zu finden.
Und sie ließ es gern geschehen,
ohne mich nur anzusehen.

Wir bemerkten erst hernach,
wer das war im Schlafgemach.
Deine Frau war sehr empört
und tat entsetzt, wie sich's gehört.

Mein Freund, wir beide sind jetzt quitt.
Doch nehmen wir als Lehre mit:
Gut schauen, durch welche Tür man geht.
Bist du erst drin, ist es zu spät!"

Ungerührt geschüttelt

Das Wetter heute ist so schön.
Ich möcht mal wieder wandern gehen.
Auf dem Berg mal richtig schnaufen.
Und Bier dann in der Hütte saufen.
Angekommen dann am Ziele,
ich starken Durst und Hunger fühle.
Ich bestell mir Bier und Speck
und setz mich müde in ein Eck.
Da sagt die Wirtin voller Gier
was Überraschendes zu mir:
„Warast du jetzt *pudelnackert*,
i di bei der *Nudel packert!*"
Die Worte, urig und voll Kraft,
soll'n fördern meine Leidenschaft.
Doch war die Wirtin etwas älter.
Das macht' nicht heiß mich, sondern kälter.
Ich erwiderte voll Schrecken:
„Ich tät vor dir mich nicht verstecken.
Doch bist ein *Weib* du *liederlich*,
mit einem *Leib* gar *widerlich*.
Und eines sicher *kannst* du *wissen*:
Ich werde deinen *Wanst* nicht *küssen!*"
Da lacht sie laut und spricht gescheit:
„Es hat noch niemanden gereut.
Sollst dich an meinem *Mieder weiden*.
Dann wirst du mich nie *wieder meiden!*"
Ich, obwohl ich *durstig war*,
stellte mich ganz *wurstig dar*.
Ehe sie's noch mal versucht',
ergriff ich eilends dann die Flucht.

Die Wirtin war mir zu gewogen.
Ich mach um sie nun einen Bogen.

Des ewige Strandliegen

Mach ma doch / ka Tamtam.
Pack ma zsamm und gemma ham.
San ma dann / endlich z'Haus,
pack ma alles wieda aus.

Nächsten Tag / wieda furt.
Doch bleib'n mir niemals lang a durt.
So geht des / jeden Tag,
bis i endlich nimma mag.

I bleib z'Haus / geh net aus,
weil des Strandliegn is a Graus.
I trink a Bier / und schau fern.
Und denk ma, habt's mi alle gern!

A an Dichta is mal schlecht

A an Dichta is mal schlecht,
wenn er hat zuviel gezecht.
Er kann dann sicher nix mehr schreib'n,
denn er denkt nur noch ans Speib'n.
Der Mag'n tut weh und a der Kopf.
Und er kniat stundenlang vorm Topf.
Dann nimmt er schnell ein Aspirin
und legt sich schleunigst wieda hin.
Es draht si wild des ganze Zimmer.
Es wird net besser, sondern schlimmer.
Er nimmt sich vor, soviel Likör
trinkt er sicher nimmermehr.
Und a Sekt, Bier, Schnaps und Wein
lasst er künftig lieber sein.
Er schwört bei sich mit letzter Kraft,
er trinkt dann nur mehr Apfelsaft.
Der Vorsatz wird a Weil' wohl halten.
Doch nächstes Mal is all's beim alten.

Lose

Als ich eines Tages den Briefkasten öffnete, fiel mir ein Umschlag entgegen, der angeblich mein Glück beinhalten sollte. Neugierig geworden, öffnete ich die Briefsendung.

Es fielen mir einige Lotterielose entgegen. Sechs Lose irgendeines Preisausschreibens waren es. Sie waren nicht geheftet, sondern lose. Es handelte sich also um lose Lose.

Ich gedachte mein Glück zu versuchen und zahlte den Lospreis ein. Um die Lose wiederzufinden, legte ich sie in ein Behältnis, das mir stets für derartige kurzfristige Aufbewahrungszeiträume diente. Eine alte Zuckerdose.

Meine Lose waren jetzt also lose Dosenlose. Ich hütete sie sorgfältig, sollten sie laut Ankündigung doch mein Glück sein.

Als die Ziehung vorbei war, nahm ich die losen Lose aus der Dose und steckte sie in meine Hose. Es waren jetzt also lose Hosendosenlose. Dann machte ich mich auf den Weg zur Lotteriestelle, da ich die Kosten für die Zusendung einer Ziehungsliste gespart hatte.

Der Mann dort sah von seinen Listen auf, als er meiner gewahr wurde, und sagte: „Sie haben Gewinn-Lose?"

„Ja", erwiderte ich. „Sechs Stück."

Der Mann nahm meine sechs losen Hosendosenlose entgegen, prüfte die Nummern sorgfältig, blickte mich über den Rand seiner Brille an und sagte dann bedauernd: „Leider. Ihre Nummern sind nicht dabei."

Ich bedauerte es auch. Jetzt hatte ich sechs gewinnlose lose Hosendosenlose.
Ich warf sie weg.

Disput zweier Freunde

Sagt der eine zu dem andern:
„Mir ist fad.
Ich geh heut wandern."

Sagt der andre zu dem einen:
„Ist das ratsam?
Mit *den* Beinen?"

Drauf der erste zu dem zweiten:
„Wenn du meinst.
Dann geh ich reiten."

Meint der zweite zu dem ersten:
„Bei *dem* Gewicht?
Das Pferd wird bersten!"

Da erwidert böse jener:
„Dir passt ja nix!
's wird immer schener!

Drauf sagt, nicht beleidigt, dieser:
„Selber schuld.
Wirst immer mieser!"

Da meint phlegmatisch dann der eine:
„Ich geb's auf.
Ich geh zum Weine."

Es schaut ihn freudig an der andre:
„Das wollt' ich hören.
Ich mit dir wandre!"

Unsinn bis zehn

Kommt doch her.
Irgendwer.
Mir ist das alles viel zu schwer.

Steht mir bei.
Alle zwei.
Wir müssen tun so allerlei.

Macht euch frei.
Alle drei.
Ist doch alles einerlei.

Bleibt jetzt hier.
Alle vier.
Und dann trinken wir ein Bier.

Kommt, ihr Schlümpfe.
Alle fünfe.
Zeigt mir endlich eure Trümpfe.

Trinkt jetzt ex.
Alle sechs.
Und dann geht schleunigst eures Wegs.

Ihr da drüben!
Alle sieben.
Was habt ihr denn so lang getrieben?

Schlecht gemacht.
Alle acht.
Was habt ihr euch dabei gedacht?

Lasst mich allein.
Alle neun.
Sonst werdet ihr es noch bereu'n.

Ihr müsst jetzt gehn.
Alle zehn.
Ich müsst' euch sonst den Hals umdreh'n.

Die Laute

Aus dem Lokal drang leis' Musik.
Sie konnte mich sofort betören.
Meine Neugier deshalb stieg.
Ich wollte sie genauer hören.

Auf einer Bühne spielt' ein Mann
auf einer Laute eine Weise.
Er schlug ganz sacht die Saiten an.
Deshalb erklang die Laute leise.

Als er dann mit Leidenschaft
heftig in die Saiten haute,
entlockte so mit sehr viel Kraft
er der Laute laute Laute.

Dann trat ein Mädchen zu ihm hin.
Sie war sein Mündel, eine Waise.
Sie sang mit Pathos, wie es schien,
zu seiner Laute eine Weise.

Sie sang laut und sie sang leise.
Es klangen leis der Laute Saiten.
Es griff ans Herz der Waise Weise.
Zeigt' uns auch die inn'gen Seiten.

Es mal froh, mal traurig klang.
Voll weisen Worten und von klugen.
Die Waise weise Weisen sang.
Der Laute Laute weithin trugen.

Laute Laute seiner Laute.
Leise Weise dieser Waise.
Von allen Seiten Saitenlaute.
Manchmal klangen sie auch leise.

Ich verließ dann das Lokal.
Machte schnell mich aus dem Staub.
Genug hatt' ich für dieses Mal.
Vor lauter Lauten war ich taub.

Wagnis

Sollen wir denn einsam sterben
einst am Ende unsres Seins?
Drum lasst uns um die Frauen werben!
Vielleicht ist's Glück. Vielleicht auch keins.

Vater und Tochter

„Elfriede, sei ein braves Kind
und bring mir etwas Wein geschwind",
sprach der Vater, fast ein Greis.
„Aus dem Keller. Doch sei leis'!"

„Mach ich, Vater, liebend gern.
Willst du zuvor ein Liedchen hör'n?
Ich musst' ein neues heute lernen.
Vom Mond es handelt und von Sternen."

„Mein Kind, das steht mir nicht dafür.
Sonst ist die Mutter wieder hier.
Ich bekomm dann keinen Wein.
Muss wieder ewig durstig sein."

„Lieber Vater, hör es doch!
Dann bring ich dir zwei Flaschen noch."
Der hat sich kaum noch in Gewalt.
„Nun gut, mein Kind, so singe halt!"

Elfriede hebt jetzt an zu singen.
Doch will es nicht so recht gelingen.
„Weißt du, wie der Anfang geht?
In mir ist alles wie verdreht."

„Mein Gott, Elfriede, dummes Kind!
Fang doch an, die Zeit verrinnt.
Ich habe Durst, und das nicht knapp.
So kürz die Sache einfach ab!"

Elfriede fängt jetzt an zu heulen.
„Ich will gern singen, mich beeilen.
Doch weiß ich jetzt den Text nicht mehr.
Die Schule ist drei Stunden her!"

Der Vater wird jetzt langsam laut.
„Wenn du nicht gehst, wirst du verhaut!
Mir platzt allmählich schon der Kragen.
Wie lange muss ich das ertragen?"

Der Vater brüllt, Elfriede weint.
Sie sind in ihrem Schmerz vereint.
„So sing was andres", schreit der Vater.
„Sing das Lied vom Stiefelkater!"

„Dornröschen mir da besser scheint",
Elfriede unter Tränen meint.
„Das schöne Mädchen tut mir leid.
Muss schlafen, ach, so lange Zeit."

„Sing meinetweg'n vom toten Hund.
Nur trödle nicht die ganze Stund!"
Elfriede schmollt. „Das kenn ich nicht.
Da sag ich lieber ein Gedicht."

„Wozu?", schreit er. „ Geh in den Keller.
Und sing nachher. Das geht schneller.
Was du willst, kannst du dann singen.
Sollst mir nur den Wein jetzt bringen!"

Doch jetzt geht leider gar nichts mehr.
Der Vater findet kein Gehör.
Sie heult, er tobt und wirft nach ihr.
Da steht die Mutter in der Tür.

„Seid ihr jetzt verrückt geworden?
Wollt ihr beide euch ermorden?
Bis auf die Straße man euch hört!"
Das Kind erzählt jetzt ganz empört:

„Ich wollt' dem Vater Wein nur bringen,
doch er bestand drauf, ich sollt' singen!
Und noch sprechen ein Gedicht.
Doch kann ich beides leider nicht."

Der Vater hört's mit offnem Munde.
„Seit über einer halben Stunde
versuch ich ... was versuch ich bloß?"
Die Verwirrung war sehr groß.

Die Mutter schilt das Elfilein.
„Dem Vater bring bloß keinen Wein.
Und du, mein Guter, zwinge nicht
das arme Kind zu 'nem Gedicht!"

Sie holt ihm schnell dann aus der Küche
Baldriantee für seine Psyche.
Dem Kind sie schafft zu lernen an.
Das hat den beiden gutgetan.

Die Landplage

Wir hatten einmal einen Hund.
Der gab zur Freude wenig Grund.
Er war ein ziemlich dummes Tier.
Wahrscheinlich konnt' er nichts dafür.

Am Anfang war er wirklich lieb.
Doch was er später alles trieb
und angestellt hat alle Tage,
war schon eine rechte Plage.

Was ihm vor die Pfoten kam,
sogleich er auseinander nahm.
Zerbiss mit Wonne jedes Ding
und jedes Tierchen, das er fing.

Kleider, Taschen und auch Schuhe,
Wäschestücke aus der Truhe,
Polster, Fußabstreifer, Besen
sind die längste Zeit gewesen.

Katzen, Hasen, Federvieh
verschonte er so gut wie nie.
Er war ein wirklich großes Übel.
Die Reste meistens für den Kübel.

Eines Tags ein Auto kam,
das ihn auf den Kühler nahm.
Das Auto hatte eine Beule.
Der Hund, der hinkte eine Weile.

Er sehr hart im Nehmen war
und trotzte jeglicher Gefahr.
Er kriegte von uns reichlich Hiebe.
Doch hielt er's wohl für heiße Liebe.

Einmal lief er auf die Felder
und ging jagen in die Wälder.
Ein Jäger sah ihn unter Bäumen
und schoss ihn nieder ohne Säumen.

Der Mann hat wirklich gut gezielt,
der Hund wahrscheinlich nichts gefühlt.
Jetzt war zu Ende alle Not:
Das blöde Vieh war endlich tot.

Der Schein

„Stell dir vor, gestern haben sie mir den Schein abgenommen. Nur weil ich läppische 50 km/h zu schnell gefahren bin. Und das in einer Ortschaft, wo schon alle zu schlafen schienen und kein Mensch mehr auf der Straße war. Mir scheint, das war eine Riesensauerei!" Franz war völlig aus dem Häuschen.

„Den Führerschein haben sie dir abgenommen?", fragte ich ungläubig. „Um 50 zu viel? Hab ich mich nicht verhört?"

„Hast du gedacht, den Heiligenschein? Nein, du hast dich nicht verhört. Stimmt schon. 50. Und ein paar Zerquetschte."

„Also mehr als 50? Weißt du denn nicht, dass sie jetzt besonders streng sind? Geschwindigkeit ist das Grundübel beim Verkehr, beim Autoverkehr meine ich. Am liebsten hätten sie Geschwindigkeit 30. Da könnten sie abkassieren!", meinte ich enthusiastisch und verdrehte entzückt die Augen. „Aber ließ der Beamte nicht mit sich reden?"

„Keineswegs. Ich bot ihm einen Schein an, quasi um meinen Schein behalten zu können. Er ging aber nicht einmal zum Schein darauf ein. So steckte ich meinen Schein wieder ein, ich glaube, es war ein Fünfziger, so für jeden Kilometer einen Euro, und er behielt meinen Schein, Führerschein nämlich. Mir scheint, dass er nicht flexibel genug war, um auf mein Angebot einzugehen."

„Vielleicht war es zu wenig?", warf ich ein. „Oder er hat es nicht richtig gesehen. Es war doch stockfinstere Nacht."

„Ich bitte dich!", gab Franz entrüstet zurück. „Er musste es gesehen haben. Beim Schein der Laterne konnte er sehr gut erkennen, welchen Schein ich ihm für meinen Schein anbot. Er war einfach stur und kleinkariert."

„Das scheint mir auch so. Aber so sind sie halt, die Polizisten. Sie müssen wohl den Schein wahren", versuchte ich ihn zu trösten.

„Jedenfalls stand ich schön da. Kein Schein, kein Fahren. Ich machte resignierend die Scheinwerfer aus und wollte die Straßenbahn nehmen. Zum Glück hatte ich noch einen Vorverkaufsschein."

„Na, dann ist es ja gut. Du bist immerhin nach Hause gekommen", freute ich mich scheinheilig.

„Das schon. Aber zu Fuß. Denn der Schein trog: Der Vorverkaufsschein war abgelaufen."

Täuschung

Bei manchem Menschen fragt man sich,
was ihm wohl ging gegen den Strich.
Er schaut ganz grimmig in die Welt.
Nichts und niemand ihm gefällt.

Einmal fasst' ich mir ein Herz,
frug einen Mann, so halb im Scherz,
was ihm die Laune hatt' verdorben,
so, als wäre wer gestorben.

Der Mann schaut mich voll Skepsis an.
Ich sein Vertrauen wohl gewann.
Denn er verriet, man glaubt es nie,
mir seine Lebensphilosophie:

„Mach ich ein freundliches Gesicht,
passt das dem Schicksal meistens nicht.
Es tut mir schnell was Übles an,
damit ich nicht mehr lachen kann.

Drum zeig ich nie, dass ich mich freu.
Weil ich es gleich darauf bereu.
Auch Zufriedenheit vergeht,
wenn hinterm Eck das Schicksal steht.

So schau ich lieber böse drein.
Das Schicksal fällt mir prompt drauf rein.
Es denkt, dem geht es eh schon schlecht.
Lässt mich in Ruh. Mir ist das recht."

Er schwieg und wandte sich zum Gehen.
Ich trachtete ihn zu verstehen.
Muss meine Haltung überdenken.
Den Ernsten mehr Beachtung schenken.

Vielleicht gibt's viele so wie ihn.
Schau doch mal genauer hin.
Nach außen geben sie grimmig sich.
Sie lachen sicher innerlich.

Morgen fang ich an

Vieles ist gesagt.
Doch wenig nur getan.
Es hilft nichts, wenn man klagt.
Morgen fang ich an.

Wie ist es heute schön!
Ich mache einen Plan.
So müsst' die Arbeit gehn.
Und morgen fang ich an.

Machen will ich was.
Gebrochen wird der Bann.
Wie steht doch hoch das Gras.
Drum fang ich morgen an.

Ich wollt' es wirklich tun.
Doch schmerzt mich heut der Zahn.
Muss nur ein wenig ruhn.
Ich fang halt morgen an.

Heut geht es wieder besser.
Viel Zeit ist schon vertan.
Muss schleifen erst die Messer.
Und morgen fang ich an.

Die Messer schneiden wieder.
Man tut ja, was man kann.
Doch fällt der Regen nieder.
So fang ich morgen an.

Ich bin ja niemals träge.
Die Einsicht ich gewann.
Vielmehr besonders rege:
Denn morgen fang ich an!

Von dummen Hühnern

Es sprach ein Hahn zu seinen Hennen:
„Wir alle uns schon lange kennen.
Ihr wart stets treu mir und ergeben.
Doch werdet ihr nicht lang' mehr leben.

Ich hab den Bauern jüngst gehört.
Was ich vernahm, hat mich verstört.
Er will die alten Hühner schlachten,
die nicht viel Ertrag mehr brachten.

Um euch Alte tut's mir leid.
Doch wenn ihr einmal nicht mehr seid,
kann ich mit jungen Hennen ... leben.
Das könnte meine Laune heben."

Der Gockel reckte stolz die Brust
und plustert auf sich voller Lust.
Er fühlt sich gut. Wird immer kühner,
wenn er denkt an junge Hühner.

Sprach eine Henne zu dem Hahn:
„Leb nur weiter in dem Wahn,
du könntest es mit Jungen treiben.
Glaubst du denn, man lässt dich bleiben?

Es ist mit dir nicht viel mehr los.
Uns Hühner das oft sehr verdross.
Ein junger Hahn auch uns wär recht.
Ein alter ... kräht halt schon sehr schlecht."

Vor lauter Gluckern, Gackern, Krähen
vergaßen sie sich umzusehen.
Der Bauer hat sie eingefangen.
Bald sieht man sie am Haken hangen.

Es ist halt dumm das Federvieh.
Manch alter Gockel lernt es nie.
Er läuft voll ins offne Messer.
Sind wir Männer da nicht besser?

Diskurs in Alliterationen

Treffen sich zwei Kabarettisten, die einander aus beruflichen Gründen nicht ganz grün waren. Der eine beginnt sofort mit seinen Spitzfindigkeiten.
„Ich wette, du schaffst es nicht, dich mit mir in Alliterationen zu unterhalten."
„Dass du dich bloß nicht irrst. Das kann ich schon lange. Aber du wirst es nicht durchhalten."
„Blödsinn. Ich lasse dich sogar beginnen. Wer es durchhält, hat gewonnen."
„Also gut. Gehen wir nach dem Alphabet? Oder durcheinander?"
„Ich denke, durcheinander. Wie's eben grade passt."
„Gut. Ich fange trotzdem mit A an. So höre: ‚*Am Allerheiligenabend aß Anton auf Anhieb acht ansehnliche abgeschälte arabische Ananas.*' Na, was sagst du zu diesem genialen Einfall?"
„Haha, ganz gut, aber ich kann es besser. Anton hat mir nämlich auch was erzählt, nämlich: ‚*Bei Berta berieten beide bei Brot und Bohnen bezüglich besonderer Bosheiten bei berittenen Boten.*' Und?"
„Nicht schlecht. Aber was soll das heißen: Bei ‚Brot und Bohnen'. Bohnen!? Außerdem fängt ‚und' nicht mit B an."
„Na, wenn ich sage ‚Brot und Wein' habe ich keine Alliteration. Also: ‚Brot und Bohnen'. Bindewörter zählen nicht, abgemacht?"
„Du könntest doch sagen ‚bei belegten Bohnenbroten'. Oder?"
„Nun gut, sei's drum."

„Die drei Wörter ziehe ich dir ab. Die sind schließlich von mir. Besondere Bosheiten bei berittenen Boten. So ein Blödsinn."

„Mache es besser, du Halsabschneider."

„So horche und staune: ,*Durch diese deine dumm-dreisten Darbietungen drohen dir dereinst dennoch dramatische Desaster.*' Ich sagte doch, du verlierst. Das waren zwölf. Kannst du es besser?"

„Hm, nicht schlecht. Aber jetzt ich. Du kennst doch den Elektriker und das Eisgeschäft in meiner Straße. Da hab ich folgendes gehört: ,*Entrüstet erinnerte Elektriker Eberhard Eisverkäuferin Eva erstmals eindringlich, einer eigentlich etwas eifersüchtigen Erzherzogin eine entsprechend ehrliche Ergebenheit entgegenzubringen.*' Nun, das kannst du nicht überbieten, nicht wahr?"

„Da werde ich mich schwertun. Aber ein wenig Sinn sollte das alles doch auch ergeben. Was soll das mit der Erzherzogin? Der Adel ist in Österreich abgeschafft. Und du kommst mit so einem Schwachsinn. Ergebenheit. Erzherzogin. Zum Weinen und an den Haaren herbeigezogen."

„Egal. Das Ganze macht Sinn genug. Jetzt du. Mit ,F'. Da bin ich gespannt."

„Ich dachte, wir halten uns nicht ans Alphabet? Aber meinetwegen. Machen wir V gleich F?"

„Einverstanden. Interpretieren wir es phonetisch."

„Also. Hm, was sage ich nur?"

„Haha, du kannst es nicht!"

„Warte einfach. Ich denke noch nach. Unlängst stehe ich vor meinem Haus, da kommen ein paar Radfahrer daher. Sie hielten, sahen mich an, und dann …"

„Und dann?"

„Und dann *fielen die fetten, faulen Fresssäcke fix und fertig vom Fahrrad.*' Nicht viel, aber gut! Nicht wahr?"

„Fresssäcke? Mit drei S. Toll."

„Hört man das? Ich habe die neue Rechtschreibung nicht erfunden. Das waren besonders begabte Kabarettisten."

„Viel war's nicht, aber F ist auch wirklich schwer. Jetzt ich. Ich geh gleich mit G weiter. Du kennst doch Gustav. Seine Freundin Gerti erzählte mir jüngst … aber höre: ‚*Ganz gemächlich und gelinde grunzend genoss Gustav Gertis gelbliche Germknödel.*'

„Haha, das sieht ihm ähnlich. Jetzt muss auch ich die Reihenfolge verlassen, weil es so gut auf Gustav passt: ‚*Kindische kleine Kerle können keinesfalls kernige Kartoffelknödel kauen.*'

„Na, nicht schlecht. Aber das Freizeitvergnügen von Martin ist dem wohl vorzuziehen, obwohl er das offenbar anders sieht. Er hat es mir selbst erzählt. Höre: ‚*Meist massiert Martin Melanies mollige Möpse mit müder Melancholie*'. Was sagst du?"

„Das hat er dir erzählt? Ob Melanie weiß, wie er die Sache sieht? Mir hat sie einmal erzählt, was ihre geheimen Wünsche wären."

„Und zwar?"

„Ich war überrascht. ‚*Mit mehreren muskulösen Männern möchte Melanie morgens meine müden Milchkühe melken.*'

„Ich wusste gar nicht, dass du Kühe hast. Aber sei's drum. Frauen haben oft komische Wünsche. So wie Ottilie. Im letzten Urlaub ‚*orderte Ottilie oben-ohne ordentliche orientalische Orangen*'. Ihre Freundin Susi samt Gatten war auch mit. Und ‚*Susi servierte Siegfried schleunigst sechs süßsaure Salzgurken samt starker Sellerie.*' Seltsam, nicht?"

„In der Tat. Das waren gleich zwei. Im Urlaub begeben sich die merkwürdigsten Dinge. Wie bei meinem letzten Island-Urlaub. Was ich da gesehen habe, wiegt deine beiden auf."

„Na, was denn?"

„Quirlige Quallen quollen quer aus der qualmenden Quelle."

„Was du nicht sagst. In Island gibt's Quallen? In Quellen?"

„Natürlich nur für deine blöden Alliterationen, mein Freund!"

Schwarzes Loch

Es zieht herauf die Sternenbahn
ein altersmorscher Himmelskahn.
Darinnen heimatlose Seelen,
die niemandem so wirklich fehlen.

Sie wollten einst sich nicht bemühen,
sich selber aus dem Schmutz zu ziehen.
Soffen lieber und noch mehr
und nahmen einfach gar nichts schwer.

Selbst jetzt, im leeren Weltenall,
scherzen sie und spielen Ball
mit ausrangierten Meteoriten,
anstatt Vergebung zu erbitten.

Im Konsilium der Sonnen
die Erkenntnis wird gewonnen,
dass zu nichts sie wirklich taugen.
Man wird ins schwarze Loch sie saugen.

Sie verschwanden drin mit Quieken.
Man wird sie niemals mehr erblicken.
Hienieden gibt's kein schwarzes Loch.
Drum sieht man all die Gauner noch.

Sport am Meer

Im frühen Jahr ans Meer zu fahren,
ist mein Traum bereits seit Jahren.
Jetzt bin ich da und freue mich.
Doch lässt das Wetter mich im Stich.

Es ist doch wirklich kein Vergnügen,
bei dem Frost am Strand zu liegen.
Wo ist die Hitze, wo die Sonne?
Eingesperrt in einer Tonne?

Doch lugt sie nur ein bisschen raus,
hält man's vor Hitze nicht mehr aus.
Der Sonnenschein ist gleich zuviel.
Man weiß nicht wirklich, was man will.

So hat man ständig was zu tun.
Anstatt sich einfach auszuruh'n,
heißt's ausziehen, anziehen, hin und her.
Das ist der Sport am blauen Meer.

Doch ein Gedanke tröstet immer:
Wenn es regnet, ist es schlimmer.
Zu Hause könnt' es auch noch schnei'n.
Drum ist es besser, hier zu sein.

Missgeschicke

Schreckliches Leid.
Zerrissen das Kleid.
Zerronnen die Butter.
Gestorben die Mutter.

Doch es ging weiter.
Zerborsten die Leiter.
Gestürzt bis zum Keller.
Hinunter ging's schneller.

Was soll man sagen?
Gestohlen der Wagen.
Der Mann ist davon.
Mit ihm auch der Lohn.

Es ging alles schief.
Der Hund, der entlief.
Die Katze ward krank.
Bankrott ist die Bank.

Doch ganz arg ist das:
Leer ist das Glas.
Zu Ende der Wein.
Verendet das Schwein.

Jetzt gibt's keinen Speck.
Alles voll Dreck.
Die Milch angebrannt.
Der Rücken verspannt.

Man sollte doch meinen,
das wäre zum Weinen.
Was sie aber machte?
Sie saß da und lachte.

Der Goldfisch noch lebt.
Die Erde nicht bebt.
Es geht ihr doch gut.
Sagt sie voller Mut.

Misanthrop

Du sollst alle Menschen lieben,
steht irgendwo geschrieben.
Doch schaut' ich sie genauer an
und hab mich damit schwer getan.

Denn Rücksicht kennen viele nicht.
Blasen den Rauch dir ins Gesicht.
Machen Lärm die halbe Nacht.
Haben sich nichts dabei gedacht.

Die Hunde kläffen pausenlos,
verlieren Haufen riesengroß.
Sie haben der Köter zwei und mehr.
Wer keinen hat, der tut sich schwer.

Ungestört in Frieden leben
kannst du lebenslang erstreben.
Doch der Umwelt Ideal
ist dies nicht, vielmehr Krawall.

Was immer auch geschrieben steht,
mir nicht sehr zu Herzen geht.
Denn anstatt an Menschenliebe
denk ich mehr an Menschenhiebe.

Die Stöcke

Eine traurige Gestalt
müht sich über den Asphalt.
Sie schiebt zwar mit zwei Stöcken an,
doch sieht man, dass sie nicht mehr kann.

Hintendrein ein zweiter schleicht,
der doch den ersten nie erreicht.
Ist um vieles er noch müder.
Zittrig wackeln alle Glieder.

Zu Boden sinken dann die beiden.
Mussten nicht mehr lange leiden.
Die Stöcke nahmen sie ins Grab.
Sie ließen nicht von ihnen ab.

Im Himmel mussten sie entdecken,
dass dort niemand ging mit Stecken.
Den Sport sie wollten propagieren
und schließ- und endlich etablieren.

Doch machte man dabei nicht mit.
Ging ohne Stöcke jeden Schritt.
Die beiden hieß man einfach schweigen
und ohne Stöcke sich zu zeigen.

Am liebsten hätt' man sie verbannt.
Es ist bis dato unbekannt,
ob die Stöcke konnten nützen,
sich gegen die Hölle abzustützen.

Das Porträt

Hinter Glas und blau gerahmt
schaut sie den Betrachter an.
Ihr mildes Lächeln nie erlahmt.
Es blitzt ihr rechter Vorderzahn.

Des Silberhaares dichter Knoten
verleiht dem Bildnis stille Würde.
Bei ihrem Blicke scheint's verboten,
zu spotten ihres Hauptes Zierde.

Ihrer Bluse steifer Kragen
den Hals umschließt mit weißen Spitzen.
Weiter unten spitzig ragen
ihres Mieders feste Stützen.

Einer Brosche goldnes Rund,
auf dem Busen gut placiert,
gibt gewissen Wohlstand kund.
Sie hält sie fest, dass nichts passiert.

An ihrer Hand glänzt schimmernd grün
ein Smaragdring groß und schwer.
Sie würd' ihn nie vom Finger ziehen,
sagt die Geste, schaut doch her.

Sie wirkt gebietend, doch auch peinlich.
Die Kinder scheuen sich vor dem Bilde.
Empfinden sogar Angst wahrscheinlich.
Vor ihrer guten Tante Hilde.

Reingefallen

Die Stiefel sind geschnürt.
Gesicht ist eingeschmiert.
Der Rucksack ist gepackt.
Der Hut ist zwiegezackt.

Der Wanderstab gespitzt.
Das Hemd noch nicht verschwitzt.
Die Hose ist aus Leder.
Am Hute eine Feder.

Was zum Wandern nötig,
machen wir erbötig.
Dann lassen wir es stehen.
Woll'n gar nicht wandern gehen.

„Un"

Ein *Hold* besaß ein *Getüm* von einem Pferd. Es war *ausstehlich, gestüm und geschlacht.* Ein wahres *Geheuer* also. Eines *beschreiblich* schönen Tages ritt er aus. *Entwegt*, also mit einigen Pausen, trabte er voran. Nach einer Weile traf er einen Menschen von *geheurer* Größe und fragte den Kleinen äußerst *wirsch* und mit *stetem* Blick nach dem Weg.

Der andere war das Gegenteil unseres *Holdes*. Ein wahrer Unhold also. Er blickte ihn unstet an und erwiderte die *flätige* Rede des *Holdes* ungestüm und mit einem Strom von Unflat.

Unser *Hold* ergriff die Flucht. Er zog stets *Geziefer* dem Ungeziefer vor und verabscheute jeglichen Unfug. Daher machte er immer lieber *Fug*, begegnete anderen *Geheuern* mit *gebärdigem* Respekt und erwies ihnen nur *Glimpf.*

Die Rede des *Holdes* enthielt nur *Flat* und er war immer *erbittlich* und *beugsam*, da er gerne allen verzieh. Niemals war er in seinen Äußerungen kränkend, denn er zog es vor, seine Meinung stets *verblümt* zu äußern. Er verlor auch selten die Geduld, denn er blieb *gehalten* und *gestüm*. Im Übrigen hatte der *Hold* nur *Sinn* im Kopf.

Er war also ein äußerst *ausstehlicher* Mann, unser *Hold*. Und so bescheiden. Während andere ihrer Fressgier hemmungslos frönten, war er *ersättlich* und *gebärdig*.

Ja, so war er, unser *Hold*. Wenn ihr ihn einmal treffen solltet, dann sagt ihm einen schönen Gruß. Er möge sich weiterhin vor der Vorsilbe „un" hüten, auf dass er nicht zum Unhold würde.

Halten Sie das alles nicht für Unsinn. Es ist nur der Versuch, die *beschreiblichen* Elemente der Sprache in Bezug auf die Vorsilbe „un" unerbittlich darzulegen.

Der Hut

Im Meer schwimmt ein Mann.
Er kommt gut voran.
Es ist grade Flut.
Und er trägt einen Hut.

Schwimmt man denn besser
im großen Gewässer
mit einem Hut?
Zu wissen wär's gut.

Ich werde nicht zagen
und einfach ihn fragen.
Ganz kurzerhand.
Wenn er an Land.

Ich warte sehr lange.
Mir wird schon ganz bange.
Der Hut, der schwimmt schön.
Vom Mann nichts zu sehn.

In vielen Jahren
ich werd' nicht erfahren,
ob man mit Hut
schwimmt gut, wenn ist Flut.

Schultern

Wenn der Chef zu ihnen sprach,
bedeutete dies Ungemach.
Sie mussten zu hören sich bequemen
und es auf die Schulter nehmen.
Manche nahmen's auf die leichte,
was zum Nachteil meist gereichte.
Andre wieder auf die schwere,
zogen Schlüsse aus der Lehre.
Sie zogen vor den Untermut
und machten ihre Sache gut.
Voll Übermut die andern waren.
Sind damit nicht gut gefahren.
Willst du deinen Job behalten,
die warme Schulter zeig dem Alten.
Die kalte Schulter mag er nicht.
Er ist auf dich dann nicht erpicht.

Der Genießer

Er ist geradezu versessen
auf besonders gutes Essen.
Es gibt nichts andres auf der Welt,
das ihm ähnlich gut gefällt.

Autos, teuer und rasant,
Frauen, sexy und charmant,
die mit ihrer Gunst nicht geizen,
können ihn nicht wirklich reizen.

Gold, Parfum und Edelsteine
sind bei weitem nicht das Seine.
Auch Oper, Kino und Ballett
findet er so gar nicht nett.

Er lässt alles stehen und liegen,
kann er feine Speisen kriegen.
Nichts reizt ihn wie die Haute Cuisine.
Er sieht darin des Lebens Sinn.

Die Gaumenfreude weiter steigt,
wenn einer sich spendabel zeigt.
Denn unerreicht ist der Genuss,
wenn er nicht selber zahlen muss.

Sprache

Wie nützlich doch die Sprache ist,
man im Alltag leicht vergisst.
Ein Mensch kann mit dem andern reden.
Doch das erfreut nicht immer jeden.

Bei manchen wird das Reden Zwang.
Sie quatschen wohl ein Leben lang.
Können halten nie den Mund
und reden ohne jeden Grund.

Die Sprache da zur Plage wird,
was heiß den Wunsch in mir gebiert,
das Mundwerk ihnen zuzukleben.
Damit sie endlich Ruhe geben.

Die Haube

Er erbte einmal eine Haube.
Von seinem Onkel, der verblich.
Der trug im Herbst sie in der Laube,
damit die Wärme nicht entwich.

Was sollt' der Neffe mit dem Ding?
Sie war nichts wert und passte schlecht.
Dass er nicht etwas Geld empfing,
hielt er für äußerst ungerecht.

Alles tat er für den Mann
im Hinblick auf ein reiches Erbe.
Hat's in der Hoffnung auch getan,
dass der Gute alsbald sterbe.

Doch bleibt er arm, obwohl er tot.
Wird auch nichts erben von der Tante.
Er hat mit ihr so seine Not.
Weil ihr immer etwas schwante.

Er trägt die Haube, heuchelt Freude.
Will der Tante schmeicheln bloß.
Er ist keine Augenweide,
denn die Haube ist zu groß.

Sie rutscht ihm ständig ins Gesicht.
Die Tante lacht sich da halbtot.
Halb. Denn sterben will sie nicht.
Das Spiel durchschaut sie, das er bot.

Es ihm auch an Glück gebricht.
Er fällt zu Tod sich von der Leiter,
weil ihm die Haube nahm die Sicht.
Die Tante stimmte das recht heiter.

Sie sucht jetzt einen Ehrenplatz
für die alte Kopfbekleidung.
Denkt gerührt an ihren Schatz
und an seine Erbentscheidung.

Persenbeug

Der Vogel sprach nur wirres Zeug.
Er wollte gern nach Persenbeug.
Doch das ließ ich partout nicht zu.
Was glaubt denn bloß der Kakadu?

Er kam aus Afrika geflogen,
übers Meer in hohem Bogen
und ließ auf dem Balkon sich nieder,
schüttelt' eitel sein Gefieder.

Krächzt', als ob er Hunger hätte.
Wollt' verlassen nicht die Stätte.
Ich ließ voll Mitleid es geschehen,
statt ihm den Hals gleich umzudrehen.

Ja, das hab ich jetzt davon.
Er versaut mir den Balkon.
Kekse, Kuchen und auch Torten
frisst er mit Tauben und Konsorten.

Wie ein Seemann kann er fluchen.
Beleidigt die, die mich besuchen.
Sucht jedem Ärger zu bereiten.
Doch hat das auch manch gute Seiten.

Es bleibt mir fern der Exekutor.
Auch meidet mich die Schwiegermutter.
Grad, weil er spricht so wirres Zeug,
darf er nicht nach Persenbeug.

Überlistet

Johanna weiß es ganz genau:
Sie ist eine schöne Frau.
Es ist an ihr so alles dran,
was begeistert jeden Mann.

Sie liebt die Männer aufzureizen
und dann mit ihrer Huld zu geizen.
Ihr Charme hat's ihnen angetan.
Doch lässt sie keinen an sich ran.

Doch eines Tags, da trifft sie einen,
der ist aus Holz, sollte man meinen.
Sie beginnt umherzuschreiten
und zeigt ihm ihre schönsten Seiten.

Das soll sein zur Vorbereitung.
Doch er sitzt da und liest die Zeitung.
Er schaut kein einz'ges Mal sie an.
Was sie nicht verstehen kann.

Sie geht vorbei. Lässt was fallen.
Das hat gewirkt bisher bei allen.
Zieht hinauf des Kleides Saum.
Doch er bleibt ruhig und merkt es kaum.

Sie bückt sich tief zum Boden runter.
Ihr Dekolleté macht ihn nicht munter.
Auch ihr Rücken lässt ihn kalt.
Sie hat sich kaum mehr in Gewalt.

Sie geht hin und spricht ihn an.
Ob er ihr wohl helfen kann?
Denn einen Stadtplan braucht sie sehr.
Wo soll sie nehmen einen her?

Da blickt er spöttisch zu ihr auf.
Doch nimmt sie das sehr gern in Kauf.
Er hätte einen, sagt er schnell.
In meinem Zimmer, im Hotel.

Doch der Weg ist mir zu weit.
Auch habe ich nicht sehr viel Zeit.
Sie triumphiert schon ganz verstohlen:
Wir könnten ihn gemeinsam holen.

Seufzend stimmt er letztlich zu.
Sie gibt ja doch nicht eher Ruh.
Sie erreichen dann ihr Ziel.
Er gibt den Plan ihr, spricht nicht viel.

Er geleitet sie zur Tür.
Sie denkt nur: Ob ich ihn verführ'?
Will zum Angriff übergehen.
Er lässt es überrascht geschehen.

Als dann alles ist vorbei,
packt sie gleich die große Reu'.
Wie konnte sie sich so vergessen?
Kein Mann hat sie doch je besessen.

Als sie fort, greift unverzüglich
zum Telefon er ganz vergnüglich:
Mein lieber Freund, ich hab's geschafft,
zu wecken ihre Leidenschaft.

Sie es einfach schrecklich fand,
dass ein Mann ihr widerstand.
So gab sie mir aus freien Stücken,
was keinem andern wollte glücken.

Der Geburtstag

Der Geburtstag ist ein Tag,
den man immer wen'ger mag,
je weiter man ist fortgeschritten
über seines Lebens Mitten.

Man feiert ihn, weil es so Brauch,
mit Freunden und Familie auch,
man isst und trinkt und trinkt und isst,
bis man sein Alter dann vergisst.

Man steht im Mittelpunkt der Feier.
Das kommt ja meistens ziemlich teuer.
Doch in den letzten guten Jahren
es Unsinn wär, zuviel zu sparen.

Alle kommen mit Geschenken.
Man sich bedankt für ihr Gedenken,
packt sie aus im Kerzenschein
und kann sich recht von Herzen freu'n.

Doch wenn der Trubel ist vorüber,
wäre einem es viel lieber,
hätte man sich nicht vergessen
und viel weniger gegessen.

Die Waage springt fast auseinand'.
Es zerreißt schier das Gewand.
Und man ist älter um ein Jahr.
Ob das ein Grund zum Feiern war?

Der dumme Floh

Ein kleiner Floh
saß so herum.
Ach wieso
bin ich so dumm?

So dachte er
und sprang ganz hoch.
Das war nicht schwer.
Das konnt' er doch.

Als er so springt,
packt ihn der Schreck.
Ob ihm gelingt
zurück der Weg?

Er kam herunter
sowieso.
Völlig munter.
Dummer Floh.

Frühlingsgetue

Was soll das Getue?
Das mit dem Frühling?
Der Winter verging.
Ist aus mit der Ruhe.

Wie schön war's im Zimmer.
Neben dem Herd.
Ganz unbeschwert.
Bei Kerzenschimmer.

In der Dämmerung ruh'n.
Wenn es schön schneit,
ist ruhige Zeit.
Nichts weiter zu tun.

Jetzt ist's wieder hell.
Die Natur ist erwacht.
Hat uns gebracht
viel' Arbeit gar schnell.

Das Gras ist zu pflegen.
Die Sträucher zu stutzen.
Die Terrasse zu putzen.
Die Wege zu fegen.

Der Zaun ist zu streichen.
Das Auto zu waschen.
Der Frühling zu haschen.
Der Maulwurf zu scheuchen.

Alles verloren.
Die Ruh' ist vorbei.
Das Frühlings-Geschrei
dröhnt laut in den Ohren.

Drum bleib ich im Haus.
Lehn mich zurück.
Genieße das Glück.
Und geh nicht hinaus.

Sarah

Es hetzt ein Scheich durch die Sahara.
Das Kamel, es keucht und stöhnt.
Der Scheich will schnell zu seiner Sarah.
Mit der er gern der Liebe frönt.

Er es als gegeben nimmt,
dass unter Palmen dort im Zelt
sie harrt vor Sehnsucht ganz bestimmt,
weil er ihr entsetzlich fehlt.

Er malt sich in Gedanken aus,
was er mit ihr so machen wird.
Ein Festmahl erst in Saus und Braus,
und dann, ja dann, wird sie verführt.

Die Peitsche gibt er dem Kamel.
Das denkt, der Alte sollt' sich schämen.
Es geht ihm viel zuwenig schnell.
Wüsst' er Bescheid, er würd' sich grämen.

Ein Kamelfreund hat erzählt,
dass die Sarah ist bekannt
für ihr allseits offnes Zelt.
Das beste wohl im Wüstensand.

Glaubt er wirklich, dass die Frau
auf ihn grad angewiesen ist?
Er ist zwar eitel wie ein Pfau.
Doch Sarah ihn nicht sehr vermisst.

Der Scheich treibt an das Schiff der Wüste.
Ihm Sarahs Bild vor Augen steht.
Das Kamel mit ihm nun büßte.
Der Samum alle Spuren verweht.

Sarah in dem Wüstenzelt
dachte sich, wie bin ich froh.
Der alte Scheich ist aus der Welt.
Und junge hat sie sowieso.

Arme kleine Meise

Eine kleine Meise
ging auf eine Reise.
Es war meine Meise,
also meine Reisenmeise.

Auf der Reise meine Meise
sang ganz leise eine Weise.
Da ohne Eltern, war sie Waise.
Sie war drum eine Waisenmeise.

Meine Waisenleiseweisenreisenmeise
fand auf ihrer Waisenleiseweisenmeisenreise
eine mit Mais bewachsne Schneise,
welcher diente ihr zur Speise.

Dort schlief ein meine Schneisenmaisspeisewaisen-
leiseweisenreisenmeise.
Sie kam deshalb nicht weiter auf der Reise.
Fraß und sang nicht mehr dort in der Schneise.
War bloß mehr meine Waisenmeise.

Auch nicht mehr mein, da fern durch ihre Reise.
Nur eine kleine Waisenmeise.
Ihr nichts verblieb auf diese Weise.
Arme kleine Meise.

Humor

Man im Leben oft vergisst,
dass Humor sehr wichtig ist.
Denn ein Lächeln dann und wann
auch bei Schwerem trösten kann.

Jeder Mensch hat gerne Spaß
und will lachen über was.
Manche sind da wie ein Kind.
Sie leicht zu unterhalten sind.

Andere lieben, was hat Geist.
Es als schwer sich meist erweist,
zu liefern eine Pointe ihnen,
der sie ein Lächeln abgewinnen.

Es gibt auch solche, welche lachen
lieber über derbe Sachen.
Zoten, ordinär und grob,
ernten dann sehr großes Lob.

Doch der größte Spaß ist der,
zieht man über jemand her.
Sich über andre lustig machen,
scheint vielen wohl das beste Lachen.

Buch 2

Des Lebens volles Maß

Erschienen 2013

Viele Ereignisse treten im Leben an den Menschen heran und lösen unterschiedliche Gefühle und Handlungen aus. Das Dasein ist oft geprägt von Angst, Enttäuschung und Hilflosigkeit. Doch Liebe und Freude, Glaube und Hoffnung, aber auch Humor und Ironie können dazu beitragen, des Lebens volles Maß auszuschöpfen.

Sonnige Erinnerung

Wie schön war das doch,
als wir zwei am Waldrand dort saßen!
Weißt du es noch,
wie wir die Welt ganz glücklich vergaßen?

Das Herz ging uns auf
in der Sonne goldenem Schein.
Es verhielt ihren Lauf
die flüchtige Zeit und hüllte uns ein.

Der Alltag umfasst
uns nun wieder mit grauer Gewalt.
Doch trotz aller Hast
die Erinn'rung uns Sonnenschein malt.

Eisblumen

Du schöne bunte Blume!
Deine liebliche Gestalt
und dein süßer Duft
rauben mir noch den Verstand.
Stehst in grüner Weite,
froh umringt von deinesgleichen.
Doch bist du die Schönste,
königlich und graziös.
Ich will dich sanft mir pflücken
für meine Kammer grau und leer.
Sollst das Herz mir wärmen.
Erhellen liebend meinen Tag.
Ich öffne meine Augen,
seh die rauhen, schmutz'gen Wände.
Die Blume ist erfroren
an meines Fensters brüch'ger Scheibe.

Nur Frau

Sie war nicht klug,
doch sehr charmant.
Das was sie trug,
war fulminant.

Fiel damit auf.
Zog Blicke an.
Sie nahm's in Kauf.
Und lockt den Mann.

Sie zeigte viel.
Doch alles nie.
Es war ein Spiel
mit Phantasie.

Konnt keiner landen,
man erzählt.
Glück die nur fanden,
die erwählt.

Wen sie begehrte,
sie bekam.
Sich keiner wehrte,
den sie nahm.

Sie war nicht klug,
doch war sie schlau.
War kein Betrug.
Sie war nur Frau.

Delirium

Wenn die Sonne rotgolden versinkt,
dann denk ich an dich.
Wenn die Melodie des Tages verklingt,
dann denk ich an dich.

Wenn der Mond durchs Fenster mir scheint,
dann liege ich wach.
Wenn die Nacht mir die Freude verneint,
dann liege ich wach.

Ich möchte wie einst vereint mit dir sein.
Wieso bin ich es nicht?
Glücklich sein mit dir nur allein.
Wieso bin ich es nicht?

Da hör deine Stimme ich leise mir sagen:
Ich bin bei dir.
Hör endlich auf, dich zu beklagen.
Ich bin bei dir.

Doch mein Blick erfasst nicht dein Bild.
Nur roten Nebel.
Die Flammen lodern hoch an mir wild.
Nur roter Nebel.

Den Arm streck ich aus nach deiner Hand.
Ich kann dich nicht finden.
Und spüre noch einmal, was uns verband.
Ich kann dich nicht finden.

Wenn die Welt um mich trostlos versinkt,
dann fühl ich nichts mehr.
Wenn die Erinn'rung als Letztes verklingt,
dann fühl ich nichts mehr.

Doch wenn der Morgen den Himmel hell malt,
dann ist's überwunden.
Und wenn dein Lächeln den Tod überstrahlt,
dann ist's überwunden.

Geographische Liebesenttäuschungen

Es war einmal in Paderborn,
da packte mich ganz heißer Zorn.
Ich hatte meinen Schatz verlor'n,
der mich betrog ganz unverfror'n.

Es war einmal in Wuppertal,
da wurde eine mir zur Qual.
Sie hatte Männer sonder Zahl.
Ich war der Dumme wieder mal.

Es war einmal in Siezenheim,
da ging ich einer auf den Leim.
Sie liebt' auch andre ganz geheim.
Ich machte drauf mir meinen Reim.

Es war einmal in Halberstadt,
das sah ich eine und war platt.
Doch ging die Sache gar nicht glatt.
Bevor's begann, war ich schachmatt.

Es war einmal in Osnabrück,
da sah vom Himmel ich ein Stück.
Doch zog sie es ganz schnell zurück.
Verschloss den Weg mir in das Glück.

Es war einmal in Radegund,
da küsst' ich einen roten Mund.
Doch nach dieser Liebesstund
warf sie hinaus mich ohne Grund.

Es war einmal in Kopenhagen,
da wollt ich eine einfach fragen,
mit mir ein Leben doch zu wagen.
Doch ließ sie mich eiskalt verzagen.

Es war einmal in Mistelbach,
da sah ich einer Schönen nach.
Obwohl sie mir ins Auge stach,
ließ ich sie gehen. Vermied die Schmach.

Es war einmal in Wenigzell.
Mein Herz schlug jetzt schon wen'ger schnell.
Versiegt schien mir der Liebesquell.
Doch mein Kopf war wieder hell.

Vorbei die Suche nach den Schönen.
Vergeblich war doch stets mein Sehnen.
Ich werd jetzt andern Dingen frönen.
Es war einmal: zum Abgewöhnen.

An die Naturgeister

Kommt, o kommt ihr Wesen wunderzart!
Und lindert meinen Schmerz, der grenzenlos.
Ich bette mich ins weiche, grüne Moos.
Wer vertraut, den habt ihr nie genarrt.

Die Welt ist kalt und feindlich und sehr hart.
Denn Not und Krankheit drückend sind und groß.
Ich fühl mich hilflos oft und völlig bloß.
Weil niemand vor dem Übel mich bewahrt.

Ihr lieben Nymphen, Sylphen, Gnome, Elfen!
O würdet ihr aus meiner Not mir helfen!
Will Freund euch sein und gerne bei euch weilen.

Ich komm zu euch in Liebe und Vertrauen.
Gestattet mir, euch freundschaftlich zu schauen.
Und lehret mich, wie Leib und Seel' zu heilen.

Kurzer Trost

Verborgenes Sehnen.
Nach etwas, nach nichts.
Geschluckte Tränen,
Töchter des Lichts.
Weiter kein Wissen.
Auch kein Gefühl.
Was lässt vermissen
den Grund und das Ziel?

Ein Lichtstrahl ins Dunkel.
Mit rötlicher Macht.
Ein klarer Karfunkel
erhellt kurz die Nacht.
Dann zuckend vergeht
der tröstliche Schein.
Und weiterhin steht
das Sehnen allein.

Geborgte Liebe

Die grauen Mauern ringsumher
umschließen mir das Herz so schwer.
Mein Blick gehemmt durch trübe Fenster.
Gefangen halten mich Gespenster.

Keine Farbe dringt zu mir.
Wie sehnt mein Herz sich doch nach dir!
Wenn du dann kommst, zur Montagnacht,
das Leben in mir neu erwacht.

Jede Woche bloß einmal
sind wir Gemahlin und Gemahl.
Du schenkst mit vielen heißen Küssen,
was mein Herz musst lange missen.

Nie genug kriegt unsre Liebe.
Wenn uns doch zu wählen bliebe,
ewig währte unser Treiben.
Doch bei mir kannst du nicht bleiben.

Es warten auf dich Kind und Mann.
Drum endet, was so schön begann,
in absoluter Traurigkeit.
Ich bin allein, und du bist weit.

Es höhnen mich die trüben Fenster.
Böse grinsen die Gespenster,
die aus den grauen Mauern steigen.
Mein gefangnes Herz muss schweigen.

Wunschloses Sein

Wann ist die Zeit,
die, so heiß begehrt,
uns ruhig macht?

Wo ist der Ort,
der endlich uns beschert,
was ziellos macht?

Wie ist das Sein,
welches uns verklärt
und wunschlos macht?

Morgengruß

Wunderbar steigt die Sonne empor!
Es braust hoch auf der hymnische Chor
der Geister des Lichts.

Die Seele, umschlungen vom goldenen Flor,
durchschreitet ekstatisch das leuchtende Tor
des Alles und Nichts.

Schwerelos schwebend durchmisst sie den Schein,
glücklich geborgen im höheren Sein,
jenseits der Zeit.

Die Seele fühlt gestärkt sich und rein.
Ist für den Tag mit all seiner Pein
aufs neue bereit.

Ewige Treue

Musik an ihre Herzen dringt.
Sie lauschen freudig diesen Klängen.
Die Melodie den Frieden bringt.
Erlöst sie sanft von allen Zwängen.

Es brandet purpurrot empor
der wahren Liebe Hochgesang.
Tausendstimmig preist ein Chor,
wie Treue währt ein Leben lang.

Dann mischt in den Gesang sich drein
der Klarinette klagend Lied.
Eine ist jetzt ganz allein.
Weil der Liebste von ihr schied.

Ein dumpfer Trauermarsch ertönt.
Erzählt des Herzens tiefe Not.
War früher es vom Glück verwöhnt,
verspürt es Trauer nun und Tod.

Dann die Musik der Stille weicht.
Ein lieblicher Gesang erklingt
und ohne Müh ihr Herz erreicht.
Trost und Frieden er ihr bringt.

Die Amsel singt vom ew'gen Leben.
Nichts ist unrettbar verloren.
So wird er ihr von drüben geben,
was er innig ihr geschworen.

Wolkensturm

Es ist Sommer und auch nicht.
Das Blau liegt unter Wolken dicht.
Graue Schleier wild im Wind.
Der Regen macht die Augen blind.

Es war ein Sommer, licht und lind.
Was warst du für ein schönes Kind!
Wie liebt ich dich in jenem Jahr!
Für mich es wohl das schönste war.

Bekleidet nur mit deinem Haar,
zwischen Blumen wunderbar,
da lagst du, wenn der Tag versank,
der Mond erschien am Himmel blank.

Wie waren wir vor Sehnsucht krank!
So manchen heißen Kuss ich trank
von deinen Lippen. Lau die Nacht,
die uns sanft das Bett gemacht.

Was hat uns um das Glück gebracht?
Verflogen ist nun jene Macht,
die uns geschenkt der Liebe Licht.
Im Wolkensturm das Glück zerbricht.

Du bist weit

Das Lied verklingt.
Die Nacht mir bringt
nur Bitterkeit,
denn du bist weit.

Unser Lied.
Es sternwärts zieht.
Du hörtest's gern.
Doch du bist fern.

Von Liebe scheu
es sang und Treu.
Da half kein Schwör'n.
Jetzt du bist fern.

Ein Bild von dir
bloß blieb bei mir.
Und Einsamkeit.
Denn du bist weit.

Zum Parnass

In der Stille kann ersprießen
dir der Gottheit sanfter Hauch.
So wie die Gedanken fließen,
erblühen hehre Worte auch.

Allmählich regt sich das Gefühl,
wenn lichte Wesen dich erleuchten.
Sie bringen näher dich ans Ziel,
weil sie deine Angst verscheuchten.

Ward hohe Gnade dir geschenkt
durch der Himmelswesen Gunst,
zum Parnass wirst du gelenkt
zu dienen göttlich hoher Kunst.

Seelenreich

Hoch ragt auf der Gedanken Gebilde.
Durchbricht enge Grenzen und eherne Schilde.
Umfasst alle Zeiten und ewigen Räume.
Vereinigt die Wünsche und sehnenden Träume.

So weit die Gedanken auch mögen fliegen,
nie kann dem Sehnen die Erkenntnis genügen.
Doch ist der Flug auch von langer Dauer.
Das Denken scheitert an der Unendlichkeit Mauer.

Erst wenn der Kokon einmal zerbricht,
öffnet das Tor sich zum strahlenden Licht.
Denken, Fühlen und Sehnen sind gleich.
Und nichts hemmt den Flug im Seelenreich.

Was kommt von oben?

Ein Vogel auf dem Baume
fraß eine faule Pflaume.
Der Durchfall tat ihm weh.
Oje, ojemine.

Doch auch den Gärtner Franz
verdross dies alles ganz.
Verdreckt war nämlich alles
im Falle dieses „Falles".

Er wollt den Vogel scheuchen.
Doch der wollt nicht entfleuchen.
Der trieb es immer bunter
und schiss auf ihn herunter.

Um das ihm zu vergällen,
der Franz den Baum tat fällen.
Dem Vogel war's egal.
Er hatte schon sein Mahl.

Der Vogel ohne Baum
hielt sich nicht im Zaum.
Der Durchfall quält' ihn weiter.
Den Franz stimmt' das nicht heiter.

Die Bosheit kann hoch fliegen.
Nichts kann sie besiegen.
Von oben, muss man wissen,
man immer wird beschissen.

Unruhiges Herz

Unruhiges Herz.
An keinem Ort
mag bleiben es lang.

Weiter, mein Herz!
In einem fort.
Hoffnungsfroh. Bang.

Treibt dich, mein Herz,
machtvolles Wort
mit zwingendem Klang?

So freu dich, mein Herz!
Denn dort, ja dort,
du ruhst ohne Zwang.

dichtkunst

poesiegefilde kunstgebilde
wortgerüste reimgelüste
klangerleben herzerheben
begriffsverirrung satzverwirrung
perfektionsbemühen vergleiche ziehen
rahmen geben muster weben
weitertreiben niederschreiben
korrigieren und kopieren
das ist's gewesen
jetzt könnt ihr's lesen

Einsamkeit

Schwer auf das Gemüt
tropft die Einsamkeit.
Die Liebe ist verglüht
lange vor der Zeit.
Das Herz ist nie bereit,
wenn ihm entflieht
Geborgenheit.
Es welk verblüht.

Errichte dein Reich

Jenseits allen Erkennens
liegt der Glaube.
Er bildet die Brücke
zwischen den Welten.

Hier ist alles dir möglich.
Glaube und handle.
Errichte dein Reich.
Und lebe darin.

Zusammen

Wie liebe ich die trauten Stunden
still am Abend hier mit dir.
Wir haben schließlich Ruh gefunden.
Sehnten lange uns nach ihr.

Des rauhen Lebens Stürme zogen
vorüber endlich und vergingen.
Es scheint im Alter uns gewogen
das Glück, das schwer war zu erringen.

Hand in Hand sind wir gegangen
jeden Weg, ob schmal, ob breit.
Ist die Zukunft auch verhangen:
Unser Ziel ist nicht mehr weit.

Wahrheit oder Lüge?

Eine Kuh im Lodenmantel.
Im Bikini die Tarantel.
Im Ballkleid eine Alpengams.
Und ein Floh im Lederwams.

Im weißen Smoking glänzt ein Stier.
Die Ziege trägt der Pumps gleich vier.
Die Kobra kommt mit gelbem Schal.
Mit einer Schürze der Schakal.

Und du glaubst, das sei gelogen?
Aus den Fingern frei gesogen?
Das ist viel wahrer vor der Welt,
als dir die Politik erzählt.

die welt verstummt

der klang verstummt
die geige schweigt
im nebel dicht
kein bild sich zeigt

einsam neigt
das müde haupt
zur erde sich
gefühl ertaubt

des glücks beraubt
raunend spricht
vergangenheit
das herz zerbricht

verloschnes licht
dicht vermummt
von grauem schleier
die welt verstummt

Unsichtbare Hilfe

Vom hellen Sonnenlicht
tret ich in den Schatten.
Doch seh ich jene nicht,
die mich gerufen hatten.

Verlasse Weg und Steig
und hoffe, sie zu finden.
Im finsteren Gezweig
seh ich die Hoffnung schwinden.

Doch kann ich plötzlich spüren,
dass da noch jemand ist.
Ich möchte sie berühren.
Doch dies sich mir verschließt.

Im Herzen fühle ich
Trost und Mitgefühl.
Sie sorgen gern für mich.
Und leiten mich ins Ziel.

Ich fühle große Liebe
zu den Wesenheiten.
Bei ihnen gern ich bliebe.
Doch schnell sie mir entgleiten.

Wie werd ich sie vermissen!
Mit Zuversicht ins Morgen.
Es wächst in mir das Wissen,
dass ich bin geborgen.

Verbannung

Flieg weit hinaus übers Land,
wo einst das Paradies sich befand.
Wirst es wohl nicht mehr finden.
Der Nebel, der Nebel ließ es verschwinden.

Wandre durch Wüsten und Wiesen.
Suche, was einst wir verließen.
Eden, wo wir waren ohne Sorgen.
Der Nebel, der Nebel hält es verborgen.

Den Ozean quere mit Mut.
Die Insel versunken im Blut,
wo einst wir zum Leben erweckt.
Der Nebel, der Nebel fest sie bedeckt.

Werden zurück wir erlangen,
was einst wir in Liebe empfangen?
Vergeudet mit leichtsinn'ger Hand?
Der Nebel, der Nebel hält es als Pfand.

Denn wir blind sind und taub.
Bedacht nur auf Bosheit und Raub.
Die Sonne in uns nicht mehr scheint.
Der Nebel, der Nebel uns im Elend vereint.

Weißer Traum

Der Wald im kühlen Mondlicht liegt ertrunken.
Die Spur verlor'n auf hart gefrornem Grunde.
Du fügtest mir so tiefe Herzenswunde.
In meinem Schmerz so endlos tief versunken.

Ich seh nicht die bereiften Zweige prunken.
Ein Klagelaut entfährt dem starren Munde.
Wie weit ist doch das Glück zu dieser Stunde.
Erloschen all die hellen Liebesfunken.

Würde nur erfrieren mein Begehren
und mir dieser Zustand ewig währen.
Schicksal kennt kein Mitleid, kein Erbarmen.

Komm, o Schnee, mich zärtlich zuzudecken!
Soll kein Sonnenstrahl mich je erwecken
aus dem Traum, ich läg in deinen Armen!

Endloser Lauf

In ständigem Kreislauf schwingt sich empor,
was unten gelegen die Zeiten zuvor.
Die Schöpfung erhebt sich aus Tiefen ganz rein.
Befruchtend erneut das klägliche Sein.

Doch nicht für lange das Funkeln hält an.
Ein schwarzer Gedanke, schon ist es vertan.
Wird wieder, was oben, zuunterst gekehrt.
Und für sehr lange das Licht bleibt verwehrt.

Es strebt der Reigen in unendlichem Spiel
ständig im Kreis und verändert nicht viel.
Ein wenig jedoch geht immer hinauf
der grauen Zeiten endloser Lauf.

Fremd auf Erden

Ich fühl mich fremd auf Erden.
Was mache ich bloß hier?
Wird je es anders werden?
Den Zweifel ich verlier?

Ist es zu verstehen,
dass Menschen sich verachten
und im Handumdrehen
sich gegenseitig schlachten?

Zurück auf meinen Stern
will ich aus tiefster Seele.
Halt mich der Erde fern,
dass sie mich nicht mehr quäle.

verhallt letztes wort

verhallt letztes wort
rot rose verdorrt
erstorbne gefühle
der glut entstieg kühle
das ziel unverrückt
gelingen missglückt
verweht von der zeit
zu nichts mehr bereit
bloß grashalme grünen
wo blüten geziemen
kein letzter gewinn
für scheidenden sinn

paradoxon

verglichen mit gestern
geht's uns gut
verglichen mit morgen
geht's uns gut
nur heute
geht's uns schlecht

Zeitloses Schweben

Es war eine Zeit.
Verlorene Frage.
Letztes Geleit
für vergangene Tage.

Auf Antworten hoffen.
Zeitloses Schweben.
Ergebnis bleibt offen.
Wie manches im Leben.

Wird sein eine Zeit.
Stillstand verklingt.
Wenn jemals bereit,
dann nur bedingt.

Anders so vieles.
Ein schwarzes Loch.
Erreichen des Zieles.
Doch kennt man es noch?

Wenn stillsteht die Zeit,
das Wort geht verloren.
Nur ahnend gedeiht,
was zeitlos erkoren.

Auf meiner Seele Grund

So viele Fragen nach dem Grund
des Seins in tristen Erdentagen.
Auf der ganzen Erde Rund
kann mir die Wahrheit keiner sagen.

Nicht am blauen Himmelszelt
steht die Antwort je zu lesen.
Selbst wenn ein Stern herunterfällt,
kann meine Seele nicht genesen.

Auch nicht in des Meeres Tiefen
die Offenbarung liegt bereit.
Alle Fragen sich verliefen
endlos weit in Raum und Zeit.

So suche ich in meiner Seele,
was noch nirgends ward gefunden.
Ich dafür mich richtig quäle,
um schlussendlich zu gesunden.

Find ich da das richt'ge Wort?
Die Suche lässt mich schier verzagen.
Statt der Antwort find ich dort
lediglich nur weitere Fragen.

Verlorene Herzen

Keine Tränen mehr
der weite Himmel weint.
Nicht mehr die Sonne scheint.
Das Firmament ist leer.

Vergebens die Geduld.
Die Nachsicht ward belacht.
Schwerer als gedacht
wiegt die alte Schuld.

Da unten Hass und Neid.
Das Mitgefühl erstorben.
Die Seelen tief verdorben.
Was bleibt, ist tiefes Leid.

Keine Tränen mehr
die Menschheit jetzt noch weint.
Verloren, wie es scheint,
die Herzen, die so leer.

Unsagbar fern

Hoffnung, von Dornen umrankt.
Im blutroten Nebel gefangen.
Freiheit alptraumhaft wankt.
Das Schöne längst schon vergangen.

Der Fall hat eben begonnen.
Man meint, tiefer geht's nicht.
Doch ehe man sich besonnen,
der letzte Halt jäh zerbricht.

Sammelt die zersplitterten Stücke.
Trefft eure Wahl daraus gut.
Baut daraus eine Brücke.
Vergesst eure schäumende Wut.

Ins lichtvolle Morgen zu schreiten
vielleicht wird einstens gelingen.
Doch unsagbar fern sind die Zeiten,
die uns das Morgenrot bringen.

Wo ist das Land?

Ich möcht an fremden Ufern ruhn.
Unbekannte Sterne sehn.
Völlig neue Dinge tun.
Abseits der alten Wege gehn.

Hin zu blütenreichen Gärten,
wo verspielte Brunnen fließen.
Folgen sanfter Tiere Fährten
und im Hain die Ruh genießen.

Wo die Sonne ewig mild,
übers Land der Wind sanft streicht
und zärtlich mit den Blumen spielt,
werd froh ich sein, wenn ich's erreicht.

Alle Last bleibt dann zurück
in finstrer, angsterfüllter Welt.
Und ich fühle nichts als Glück,
wenn alle Trübsal von mir fällt.

Wo ist das Land, wann kommt die Zeit,
wo der Liebe heller Schein
der Seele goldne Schwingen leiht,
um sie auf ewig zu befrei'n?

Hohle Köpfe

Eingesperrt in hohlen Räumen.
Ausgedacht von hohlen Köpfen.
Nicht einmal in bunten Träumen
kann man etwas Hoffnung schöpfen.

Von oben sucht man hinzubiegen,
was schon längst total versaut.
Es wird weiterhin verschwiegen,
dass alles nur auf Sand gebaut.

Der Höhepunkt noch nicht erreicht.
Und das Maß scheint noch nicht voll.
Das Grauen viele schon beschleicht.
Nur hohle Köpfe finden's toll.

Bald

Zu fliegen über das Land.
Und lösen mit leichter Hand
das alles fesselnde Band.

Empor zu der Sonne Schein
uns treibt die Sehnsucht allein.
Im Herzen könnt Frieden sein.

Nach tiefster Dunkelheit
kommt die schönere Zeit.
Bald, ja bald ist's soweit.

Der Freude Schwall

Aufbraust hoch der Freude Schwall.
Lasst die Pferde aus dem Stall.
Nehmt die Füße in die Hand.
Erobert euren Flaschenpfand.

Niemals wird da mehr geraubt,
als wenn die Nacht den Tag abstaubt.
Doch mit der Flinte vorm Gesicht
geht der Storch nicht vor Gericht.

Er leidet.
Und meidet.
Und schneidet den Bann.

Verfliegen die Kletten im herbstlichen Wind,
suchen die Süßen ihr verwunschenes Kind.
Wiegend vor Wonne die niedlichen Frauen.
Lassen das Reizende gerne beschauen.

Sie lieben.
Und schieben.
Zerbersten vor Lust.

Zerstoßen all das süße Kraut.
Verstummt der letzte starke Laut.
Ermattet liegen da die Glieder.
Erheben sich so bald nicht wieder.

Verebbt ist tief der Freude Schwall.
Bringt die Pferde in den Stall.
Pflegt mit Innigkeit der Ruh.
Schließt eure Flasche wieder zu.

Des Tages Trug

Als das dunkle Blau der Nacht
hüllte meine Seele ein,
bin ich aus Tages Traum erwacht
und konnte meinen Geist befrei'n.

Blickte auf mein Leben nieder
aus Sternenhöh'n kristallen klar.
Es klangen noch die alten Lieder.
So, wie's in der Kindheit war.

Sah den Weg, den ich gegangen
all die Jahre her und her.
Wie der Wille war gefangen,
und der Irrtum wog oft schwer.

Doch auch die hellen Stunden schlugen
auf der Lebensuhr die Stund'.
Mir war, als ob mich Engel trugen
durch mein Dasein, das so bunt.

Der Sterne Glanz den Weg mir wies.
Zum Ziele zog's mich mächtig hin,
was mich vor Glück erschauern ließ.
Die blaue Nacht jetzt heller schien.

Des Tages Gold verdrängt die Nacht,
hüllt meine Seele wieder ein.
Gleit in den Traum jetzt wieder sacht.
Des Tages Trug bestimmt mein Sein.

Lichte Gedanken

Lichte Gedanken
zum Himmel sich ranken.
Steigen empor
in jubelndem Chor.
Die Lieder, sie klingen,
ins Herz sie tief dringen
und trösten die Armen
voll Lieb und Erbarmen.

Die Armen der Nacht,
die die Gnad stets verlacht.
Versunken im Leid,
ohne Kraft, ohne Freud.
Tröstendes Lied
nach oben die zieht,
die wollen, die streben
nach besserem Leben.

Die segnende Hand
schlingt rettendes Band.
Ein Engel gibt Stärke,
belohnt gute Werke.
Im Panzer des Lichts
überwinden das Nichts.
Empfangen die Speise.
Am Ende der Reise.

Alles relativ

Eine Blume im Fenster,
von innen besehen,
vertreibt die Gespenster.
Lässt Gärten erstehen.

Doch geht wer vorbei
in grüner Natur,
ist's ihm einerlei.
Er wundert sich nur.

Die Blüten bunt prangen
im üppigen Gras.
Und das Blümlein gefangen
dort hinter dem Glas?

Doch wer kann nicht hinaus,
weil zu Bett er muss liegen,
liebt diesen Strauß.
Kann sonst ja nichts kriegen.

Verweilen im Licht

Wenn das helle Morgenlicht
die starre Dunkelheit durchbricht,
fühlt man des neuen Lebens Macht
nach allzu finstrer, schwerer Nacht.

Erhebe dich mit Glück im Herzen,
denn heller als viel tausend Kerzen
strahlt die Sonne in dein Herz
und vertreibt der Seele Schmerz.

Vor der Ewigkeit strengem Walten
soll der Mensch sich recht entfalten.
Denn vor ihr hat nur Gewicht,
wenn der Mensch verweilt im Licht.

Tränen

Hinter Tränen grau die Welt.
Kein güt'ger Trost, der wirklich zählt.
Tragen stumm das bittre Leid.
Hoffen auf den Lauf der Zeit.

Hinter Tränen hell die Welt.
Die Liebe ist's, die wirklich zählt.
Vor Freude man nur selten weint.
Doch hat's das Schicksal gut gemeint.

Letzte Chance

Es rinnt der lose Sand der Zeit
mir durch die Finger meines Lebens.
Der Horizont scheint nicht mehr weit
auf dem Wege meines Strebens.

Die Strecke hinter mir ist lang.
Viel länger wohl als die vor mir.
Da wird dem Herzen manchmal bang,
dass ich die Richtung noch verlier.

Ich kann nicht fassen und nicht halten
den Lauf, der alles doch besiegt.
So gerne möchte ich entfalten,
was in meinen Kräften liegt.

Wer sich gegen die Einsicht wehrt,
wird die Chance leichthin verschwenden.
Ist diese Sanduhr erst geleert,
kann die Hand sie nicht mehr wenden.

grenzenlos

grenzenlos ist die hoffnung
die hoffnung auf dich
die hoffnung auf liebe
auf erfolg

grenzenlos ist die freude
die freude über dich
die freude über deine liebe
deinen kuss

grenzenlos ist die liebe
die liebe zu dir
die liebe unsrer herzen
für immer

grenzenlos ist die trauer
die trauer über dich
die trauer über das ende
deinen weggang

Letztes Ziel

Die Diener sind gegangen.
Du bleibst allein zurück.
Ist niemand zu empfangen.
Ein stiller Augenblick.

Das Haus unsagbar leer.
Die einst dich liebten, fort.
Sind keine Freunde mehr.
Ein seelenloser Ort.

Dein Blick durchs Fenster geht.
Der Garten liegt so still.
Ein Wort ins Zimmer weht:
Find dein letztes Ziel.

Macht der Musik

Weithin die Lieder ziehn,
aus hehrem Herzen neu gebor'n.
Die schwarzen Wolken fliehn.
Vergeblich all ihr wilder Zorn.

Sanfter Friedenshauch
legt lind sich übers dürre Land.
So mancher tote Strauch
erblüht durch segensreiche Hand.

Die Seelen wundergleich
aus dunklem Alptraum da erwachen,
beschenkt unsagbar reich.
Es weicht die Trauer frohem Lachen.

Holde Gottesgabe!
Musik zwingt alle Niedrigkeit.
An holden Klängen labe
das Herz sich sehnend alle Zeit.

Melancholie

Die Wolken jagen.
Der Nebel zieht.
An allen Tagen
die Sonn' uns flieht.

Das Herz verhangen.
Dunst'ge Schleier
es umfangen.
Ersticktes Feuer.

Ist Hoffnung noch?
Auf Sonnenglanz?
Hinauf ganz hoch?
Zum Siegeskranz?

Die Wolken jagen.
Der Nebel zieht.
An bessren Tagen
das Leid uns flieht.

In der Düsternis der Welt

In der Düsternis der Welt
jeder Lichtstrahl doppelt zählt.
Jeder Stern durch das Geäst
dich ein wenig hoffen lässt.

Dies Land Geheimnisvolles birgt.
Das Mystische, es webt und wirkt.
Du spürst der Feen linde Hand.
Sie schlingen dir ein zartes Band.

Stell dich gut mit all den Wesen.
Sie können dir im Herzen lesen.
Viel Hilfe kannst du dann erfahren,
wenn sie deine Not gewahren.

In der Düsternis der Welt
jedes Licht dir doppelt zählt.
Ergreif die Hand, die dir gereicht.
So mancher Schmerz von dir dann weicht.

Das Leben triumphiert

Eine Rose blüht
auf grauer Mauer dürr.
Sie dürstend aufwärts flieht
aus brüchigem Gewirr.

In Verfall und Tod
das Leben triumphiert.
Eine Rose rot
Verfallnes hold verziert.

Neu geboren

Herausgezogen
spitzen Dorn.
Neu gewogen,
was verlor'n.
Niemand sagt,
es sei nun gut.
Doch man wagt
mit neuem Mut.
Vielleicht wird's Tag.
Vielleicht auch nicht.
Mit einem Schlag
kommt nicht das Licht.
Allmählich bloß
es heller wird.
Lass dann los.
Das Licht dich führt.
Wer neu geboren
dort erwacht,
ist auserkoren.
Hat's vollbracht.

dunkelgraue klagen

dunkelgraue klagen
wettern über das
gemüt
vergebens alle fragen
warum und wer und was
verblüht

unter grabeswunden
kein gras mehr sprießt
am ende
die hände sind gebunden
kein trosteswort mehr fließt
zur wende

lässt es sich wieder wagen
jedoch scheint neues maß
verfrüht
das herz muss ganz verzagen
des glückes leeres glas
verglüht

Hilflos

Ratlos blickt der kalte Mond
auf kalte Herzen,
die in üpp'gen Gärten ziellos,
still und freudlos darben.

Niemand hilft den Niedrigkeiten,
wenn nicht selbst
ergriffen wird der lose Zügel
voller Mut.

Doch längst erstorben scheint der Wille
fahl und zag.
Hilflos kehrt sich da der Mond
zur dunklen Seite.

Hier und jetzt

Mich zieht es hinaus in die Weite.
Doch kann ich nicht sehn, wo ich bin.
Wie soll ich da wissen, wohin?

Ist da wer, dass er mich leite?
Hin nur zu Frieden und Ruh?
Wo Sonnenschein herrscht immerzu?

Ich denke, mein Stern kann's mir sagen.
Doch oben seh ich ihn nicht.
Denn verborgen in mir strahlt das Licht.

Wie sehr ich muss mich wohl plagen,
dass der Panzer zerbricht.
Zu hören, was es da spricht.

Was nah ist, lern erst zu sehen.
Das Nötige ist dir gegeben,
daraus das Glück dir zu weben.

Am Ende wirst du verstehen,
nicht in die Ferne zu streben.
Denn hier und jetzt ist dein Leben.

In Freiheit und Würde

Überkommen die Zeit?
Wer ist bereit
zu neuem Gebot?

Viele noch hängen
an alten Gesängen.
Da war keine Not.

Wer sagt, das sei schlecht?
Sich hält für gerecht?
Will andere zwingen?

Der Machtwahn wild wütet.
Eure Freiheit behütet.
Es muss doch gelingen.

Das Bewährte behalten.
Es besser gestalten.
Verweigern die Bürde.

Dem Zwange nie weichen.
Die Hände sich reichen.
In Freiheit und Würde.

Herz aus Stein

Der Quell dringt aus dem harten Stein.
Als möchten's meine Tränen sein.
Wie sehr dein Herz dem Felsen gleicht.
Weil kein Gefühl es je erreicht.

Könntest du nur Liebe spüren,
würd dein Herz dich zu mir führen.
Ich weinte dann vor lauter Glück.
Und gäb's dir tausendfach zurück.

Der Quell dort aus dem harten Stein
würd dann das Lebenswasser sein.
Einstmals abgrundtief verloren,
wär'n wir aus Liebe neu geboren.

Vergebliche Liebe

Du liebes Mädchen, wie bist du schön!
Woll'n wir nicht spazieren gehen?
Die Luft ist lau. Die Sonne scheint.
Ich glaub, du hast genug geweint.

Vergiss den Mann, der dich verlassen.
Versuche neuen Mut zu fassen.
Dann wird bald dir leichter sein.
Und ich bin da. Bist nicht allein.

Mein liebes Mädchen, steh doch auf!
Verschlafe nicht des Tages Lauf.
Du bist so still und bist so bleich.
Und doch an Schönheit überreich.

Ich liebe dich, du schönes Kind.
Gib mir deine Hand geschwind.
Ich küsse deiner Lippen Rot.
Doch sie sind kalt. Kalt wie der Tod.

zbv

ziemendes ziel
zagend zerfiel
zuunterst zumeist
der zauber zerreißt

brennende brust
beugt sich bewusst
belastendem bann
bevor es begann

vorbei und vergangen
vergessen verhangen
verdammt und verflucht
vergeblich versucht

Glückliche Wende

Aus finsterem Übel mühsam empor
zieht der Schweif an Taten so schwach.
Wandelt allmählich in glitzernden Tand,
was einst geglitten aus zitternder Hand.
Vergangen der Traum. Die Seele wird wach
und sucht verzweifelt das rettende Tor.

Wenn es gefunden,
hemmt es den Lauf.
Doch geht's schließlich auf.
Es brennen die Wunden,
empfangen zuhauf.
Nur weiter hinauf,
doch zu gesunden.

Das Ziel, das ersehnt, erreicht wird am Ende.
Gelöscht sind die Male der quälenden Fron.
Verklungen der schrille und tödliche Klang.
Worte wie Balsam verbannen den Zwang.
Trösten herab vom goldenen Thron.
Geleiten endlich zur glücklichen Wende.

Irrgarten

Das Reich der Gefühle
einem Irrgarten gleicht.
Verworren die Ziele.
Vernunft Chaos weicht.

Den Weg hier zu finden,
ist beileibe nicht leicht.
Perspektiven verschwinden.
Die Zeit leer verstreicht.

Finde zurück,
eh Furcht dich beschleicht.
Ergreife dein Glück,
solange es reicht.

In vollen Zügen

Ein Mann mir erzählte aus seinem Leben.
Schönes und Schweres hat sich ergeben.
Hat vieles gelernt, so sagte er mir.
Dass sich zu sorgen nicht stehe dafür.

Er genießt nun sein Leben in vollen Zügen.
Ich fragte ihn, wie ihm das kann genügen.
Denn ich zieh es vor, zu fahren allein.
Ich reise höchstens auch mal zu zwei'n.

Weil ein leeres Automobil
bringt mich bequemer doch an mein Ziel,
als stickige Züge voll fremder Leute.
Denn mich erdrückt die schnatternde Meute.

Ich sei ein Schelm, so sagte er heiter.
Doch das alles schert ihn nicht weiter.
Denn besser sei es, darüber zu lachen,
als sich zu große Sorgen zu machen.

Wenn ich seh einen Zug, dann fällt er mir ein.
Und hole mir schnell eine Flasche Wein.
Ich trinke auf ihn in vollen Zügen.
Als Philosophie soll das mir genügen.

Kunst zu leben

Verloren die Zeit, da du grämend dich gibst.
Wo du verachtest, statt dass du liebst.
Den Augenblick nehmen, wie er sich zeigt.
So machst das Glück du dir allzeit geneigt.

Das hört sich sehr leicht an, doch ist es sehr schwer.
Es verschafft sich zumeist nur das Dunkle Gehör.
Mit einiger Übung geht es vielleicht.
Dann hast für das Leben du sehr viel erreicht.

Später Zeitenklang

Die Schatten werden lang.
Das Licht ist warm und weich.
Später Zeitenklang.
Hell und Dunkel gleich.

Den Schatten zu entfliehen,
sehnt sich das Herz allein.
Wo nie die Sonne schien,
da möchte es nicht sein.

Auch ein kleines Licht
das Dunkel überstrahlt.
Es hat nur das Gewicht,
was helle Muster malt.

Zeitraffer

Nicht lang ist's her,
da kam ein Kind gesprungen
in frohem Spiel.
Jetzt ist das Lied verklungen.
Der Gang ist schwer.
Was einst ist leicht gelungen,
nie schwerer fiel.

Wie kann das sein?
Im Spiegel blickt dich an
ein fremd Gesicht.
Ein fremd vertrauter Mann.
So allein.
Die Zeit das Spiel gewann.
Der Spiegel bricht.

Wenn es geht

Ich möchte den glücklichen Augenblick halten.
Bewahren Gefühle, bevor sie erkalten.
Singen vor Freude, solange es geht.
Umarmen die Welt, solang sie noch steht.

Wenn senkt sich die Nacht nach seligem Tag
und alles vorbei ist mit einem Schlag,
würd ich bereuen, was ich versäumt.
Es käme mir vor, als hätt ich geträumt.

Ans Schöne werde ich lange noch denken.
Erinnernd wird's später Glück mir noch schenken.
Drum fass ich den glücklichen Augenblick
und hebe mir auf für später ein Stück.

Kochkunst

Willst du nicht den Knoblauch zerstoßen?
Er würzt so herrlich die Suppen und Soßen.
Doch nimmst du zuviel von dem köstlichen Kraut,
dann hast du's versaut.

Kochen ist eine Kunst wohl zu nennen.
Doch viele lassen die Speisen verbrennen.
Sie versalzen am Ende den köstlichsten Schmaus.
Werft sie raus.

Da lob ich mir halt die gehobene Küche.
Sie beides befriedigt, Körper und Psyche.
Die Schöpfungen machen vor Staunen dich platt.
Doch wirst du nicht satt.

Was also tun, wenn der Hunger dich quält?
Satt werden alles ist, was dann noch zählt?
Koch einfach und würze mit großem Bedacht.
So wird's gemacht.

Zur Ehr des Höchsten

Ich möcht so gern die Straße finden,
die gerad ins Ziel mich führt.
Wo sich keine Kurven winden
und keinen Gegenwind man spürt.

Hin zur hehren Stadt gelangen,
wo kein Schmerz ist und kein Leid.
Wo Häuser reich und golden prangen,
fest erbaut für alle Zeit.

Vergessen wird dort Hass und Groll.
Jubelnd stimmt man laut mit ein
in die Hymnen weihevoll.
Zur Ehr des Höchsten ganz allein.

Im Einklang

Die Sonne hat sich Bahn gebrochen
durch der Wolken dicke Schicht.
Und Er hat das Wort gesprochen,
das ins Dunkel bringt das Licht.

So spiegelt wider alles Sein
des Geistes wunderbares Walten.
Es ist egal, ob groß, ob klein.
Im Einklang wird es sich entfalten.

Wolken

Die weiße Wolke über mir
bringt Liebesgrüße mir von dir.
Du denkst voll Sehnsucht heut an mich.
Ich fühl es. Und ich liebe dich.

Die graue Wolke über mir
bringt Zweifel zu mir her von dir.
Zu hoffen fällt dir langsam schwer.
Dein Herz allmählich wird dir leer.

Die schwarze Wolke über mir
bringt schlechte Kunde mir von dir.
Dass da ist ein andrer Mann.
Und dass ich nicht mehr hoffen kann.

Der Himmel nun ein Wolkenmeer.
Dringt keine Liebe zu mir her.
Ich bin dir nah, doch du mir fern.
Die weiße Wolke säh ich gern.

Nur Gnade

Ich wandle durch das grüne Tal.
Der Weg mit Blumen bunt geschmückt.
Hätte ich die freie Wahl:
Ich käme wieder, hoch beglückt.

Frieden strahlt aus jedem Baum.
Das Glück aus tausend Kehlen singt.
Überwunden Zeit und Raum.
Hoch hinauf das Herz sich schwingt.

An stillen Wassern ruhig liegen.
Empfangen tief die heil'gen Weihen.
In Wohlbehagen froh sich wiegen.
Voll von Liebe und Verzeihen.

Man kann es einen Himmel nennen.
Wo man darf halten kurze Rast.
Doch muss voll Demut man erkennen:
Es ist nur Gnad', zu sein hier Gast.

Nur ein Scherz

Wenn ich dich seh,
erklingen Lieder.
Wenn ich dich seh,
dann fühl ich wieder
der süßen Jugend Schmerz.

Ist längst vorbei
die Zeit der Rosen.
Ist längst vorbei
das Küssen, Kosen.
Denn schwach schlägt schon mein Herz.

Wenn ich dich seh,
leist ich Verzicht.
Wenn ich dich seh,
die Einsicht spricht:
Für dich wär's nur ein Scherz.

Zu bessren Tagen

Wunderbarer Sternenregen
in dein Herz dir fällt
und bringt dir Segen.

Wie tröstlich ist's in dunkler Nacht
Lichter zu empfangen,
die Gott gemacht.

Niemand braucht mehr zu verzagen.
Den Weg die Funken weisen.
Zu bessren Tagen.

Sturm der Zeiten

Im Sturme der Zeiten
einen Platz sich bereiten,
der trägt die Last der Gefühle.

Im Seelengewühle
und ewiger Mühle
der lästigen Pflichten gefangen.

Nach oben gelangen.
Nicht länger mehr bangen,
was die Zukunft wird bringen.

Kann es gelingen,
zu entrinnen den Schlingen,
die schicksalhaft liegen verborgen?

Was sollen die Sorgen?
Getrieben ins Morgen
allein vom Sturme der Zeiten.

Herzensnacht

Die Dämmerung über die Worte sinkt
und nichts mehr an die Herzen dringt.
Vergessen ist der helle Schein,
der tröstend brachte das Verzeihn.

Wie dunkel doch das Feld sich breitet.
Die Nacht bedrohlich weiterschreitet.
Was da leuchtet, längst verdrängt.
Das Schwert am seidnen Faden hängt.

Flackernd zucken Feuerzungen.
Den Frieden hat der Tod bezwungen.
Verblendet Marionetten schänden,
was an Hehrem noch mag blenden.

Worte gibt es keine mehr.
Die Herzen längst schon alle leer.
Wann wohl des Morgens heller Schein
erneut bringt Liebe und Verzeihn?

komm

komm her zu mir
und tanz mit mir
lustig
stets im kreis herum

komm her zu mir
und geh mit mir
heimlich
nur schnell fort von hier

komm zeig dich mir
und schlaf mit mir
zärtlich
bis zum morgenlicht

komm bleib bei mir
doch nur bei mir
liebend
als meine süße frau

Mohnblumen im Schnee

Mohnblumen im Schnee.
Wer glaubt mir, dass ich sie seh?
Rot in Weiß.
Liebe hat ihren Preis.

Mohnblumen im Klee.
Gefühle tief wie ein See.
So begann eine Liebe.
Wenn sie ewig nur bliebe.

Du wolltest gehen.
Ich ließ dies niemals geschehen.
Mohnblumen im Schnee.
Sie sagen, ich tat dir so weh.

Ewiges Ringen

Ewiges Ringen
zu finden den Weg.
Man will erzwingen.
Und handelt doch träg.

Vollkommenheit.
Mit Eifer erstrebt
durch Raum und Zeit.
Hoffnung noch lebt.

Doch schwer oft zu tragen
die eherne Bürde.
Das stete Versagen
raubt jede Würde.

Das Ringen geht weiter.
Der Weg bleibt verborgen.
Man wird nicht gescheiter.
Hofft weiter auf morgen.

herzensreise

nachtwind leise
graue dächer
wolkenfetzen
mond bleichkühl
herzensreise
durch gemächer
tränen netzen
voll gefühl

tag noch weit
spitzdornenweg
bedrücktes spiel
wie jede nacht
doch die zeit
unsagbar träg
strebt zum ziel
der morgenpracht

trotz seelennot
geborgenheit
doch im glanz
der zwiespalt bleibt
das lebensboot
muss sein bereit
im licht es ganz
schnell weitertreibt

transformation

lasten abstreifen
befreit von gefahr
nichts mehr begreifen
vergessen was war
geweitet der blick
im verstehen versinken
unendlich das glück
seligkeit trinken
das dunkel verlassen
zum goldenen schein
nicht lieben noch hassen
einfach nur sein

des lebens volles maß

des lebens volles maß empfangen ohne willen
ist's liebe oder hass was kann die sehnsucht stillen
keiner kennt das ziel niemand kann vergleichen
einer kriegt gar viel der andere muss weichen
wird jeder wohl bedacht auf basis seines strebens
ausgeschöpft mit macht das maß des vollen lebens

Weitere Werke von Alfred L. Rosteck

Gesammelte Gedichte
Band 1
BoD 2016, 288 Seiten
ISBN 978-3-7431-3856-8
ebook: ISBN 978-3-7431-2295-6

Gesammelte Gedichte
Band 2
BoD 2017, 288 Seiten
ISBN 978-3-7431-6587-8
ebook: ISBN 978-3-7431-0810-3

Frohe Zeit. Gedichte und
Geschichten um Weihnachten.
BoD 2016, 92 Seiten
ISBN 978-3-7412-9472-3
ebook: ISBN 978-3-7431-3085-2

Der Menuett-Tänzer
Geschichten über Obsessionen
BoD 2015, 200 Seiten
ISBN 978-3-7347-8205-3
ebook: ISBN 978-3-7392-8818-5

seelenland
Lyrik, BoD 2014, 92 Seiten
ISBN 978-3-7386-0106-0
ebook: ISBN 978-3-7386-6309-9

des lebens volles maß
Lyrik, BoD 2013, 92 Seiten
Nunmehr enthalten in:
Gesammelte Gedichte, Band 3

Das Labyrinth und andere
Kurzgeschichten
Edition VaBene 2012, 200 Seiten
ISBN 978-3-85167-267-1

schicksalwärts
Lyrik, BoD 2011, 92 Seiten
Nunmehr enthalten in:
Gesammelte Gedichte, Band 2

Wer spürt die Freude noch?
Gedichte und Geschichten um
Weihnachten
BoD 2010, 108 Seiten
ISBN 978-3-8391-8112-6
ebook: ISBN 978-3-7322-0965-1

Zwischen Abend und Morgen
Lyrik, BoD 2010, 236 Seiten
Nunmehr enthalten in:
Gesammelte Gedichte, Band 3

Spirale des Lebens
Lyrik, BoD 2009, 92 Seiten
Nunmehr enthalten in:
Gesammelte Gedichte, Band 2

Der alte Mann auf dem Felsen
Novelle, BoD 2008, 96 Seiten
ISBN 978-3-8370-5651-8
ebook: ISBN 978-3-7357-9573-1

Eine Insel in der Zeit
Lyrik, BoD 2008, 92 Seiten
Nunmehr enthalten in:
Gesammelte Gedichte, Band 2

Ewige Reise
Lyrik, BoD 2007, 96 Seiten
Nunmehr enthalten in:
Gesammelte Gedichte, Band 1

Im Sternenschein
Lyrik, BoD 2007, 92 Seiten
Nunmehr enthalten in:
Gesammelte Gedichte, Band 1

Stilles Glück
Lyrik, BoD 2007, 92 Seiten
Nunmehr enthalten in:
Gesammelte Gedichte, Band 1

**Der Mann, der sich in seine
eigene Geschichte verirrte**
Roman, Novum 2007, 250 Seiten
ISBN 978-3-8502-2147-4

Der Schatten deiner Liebe
Lyrik, Novum 2007, 144 Seiten
ISBN 978-3-9025-3664-8